QUESTO LIBRO PENSA CHE TU SIA UNO SCIENZIATO

SPERIMENTA IMMAGINA CREA

COMPLETA LE PAGINE, SVILUPPA LE IDEE

ILLUSTRATO DA HARRIET RUSSELL

Rispondi all'indovinello del contadino John, la volpe, la gallina e il granturco:

Prima il contadino John porta la gallina sull'altra sponda del fiume, lasciando la volpe e il grano assieme. Posata la gallina sulla riva, torna dalla parte della volpe e del grano.

Prende la volpe e la porta sull'altra sponda.
Non potendo lasciare la volpe e la gallina assieme, lascia la volpe e riprende la gallina.

Torna sulla sponda dove ha lasciato il grano, posa la gallina e porta il grano dall'altra parte del fiume.
Lascia il grano con la volpe e torna indietro per un ultimo viaggio a riprendere la gallina.

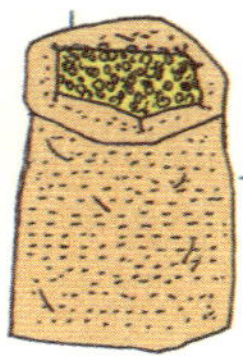

Le attività incluse in questo libro sono state ispirate da / The activities in this book were inspired by *Wonderlab: The Statoil Gallery* al / at Science Museum, London. www.sciencemuseum.org.uk

With special thanks Toby Parkin, Natalie Mills, Thomas Woolley and Harry Cliff.

Published by arrangement with Thames & Hudson Ltd, London,
This Book Thinks You're A Scientist © 2016 Thames & Hudson Ltd, London

Produced in association with Science Museum ® SCMG

This edition first published in Italy in 2016 by Maurizio Corraini s.r.l., Mantova

Edizione italiana: *Tu sei uno scienziato* © 2016 Maurizio Corraini s.r.l.
Contenuti redazionali di Thames & Hudson Ltd, London
Traduzioni di Francesca Cantinotti

Tutte le fotografie © Science & Society Picture Library, se non diversamente indicato.

13b 10574347 - © Past Pix/Science & Society Picture Library
28b 10298828 - © National Aeronautics & Space Administration/Science & Society Picture Library
29t 10404802 - © National Aeronautics & Space Administration/Science & Society Picture Library
35t 10459743 - © National Aeronautics & Space Administration/Science & Society Picture Library
35b 10300244 - © National Aeronautics & Space Administration/Science & Society Picture Library
63l 10611521 - © Universal History Archive/UIG/Science & Society Picture Library

Fabbricante: Everbest Printing Co. Ltd, Cina
Distributore per l'Italia: Maurizio Corraini s.r.l.
Prima edizione: luglio 2016

Maurizio Corraini s.r.l.
Via Ippolito Nievo, 7/A
46100 Mantova
Tel. 0039 0376 322753
Fax 0039 0376 365566
e-mail: info@corraini.com
www.corraini.com

QUESTO LIBRO PENSA CHE TU SIA UNO SCIENZIATO

ILLUSTRATO DA HARRIET RUSSELL

Non hai bisogno di provette o becchi di Bunsen o macchinari all'avanguardia per essere uno scienziato. La tua missione è semplice: OSSERVARE il mondo da vicino, prestare ATTENZIONE e fare DOMANDE.

Una volta che inizierai a osservare, noterai PATTERN e dettagli che non avevi mai visto prima. Comincerai a CHIEDERTI come mai le cose sono come sono, e a formulare possibili risposte. Scoprirai modi diversi per SVILUPPARE le tue idee. Ehi, sei uno scienziato!

INDICE

Luce

Materia

Suono

Elettricità e Magnetismo

Questo Libro Pensa di essere un Laboratorio

DISEGNA TE STESSO E IL TUO AIUTANTE

Siete i Super Scienziati, paladini della Curiosità!

FALLO!

Disegna i vostri costumi e inventa alcuni gadget della Super Scienza.

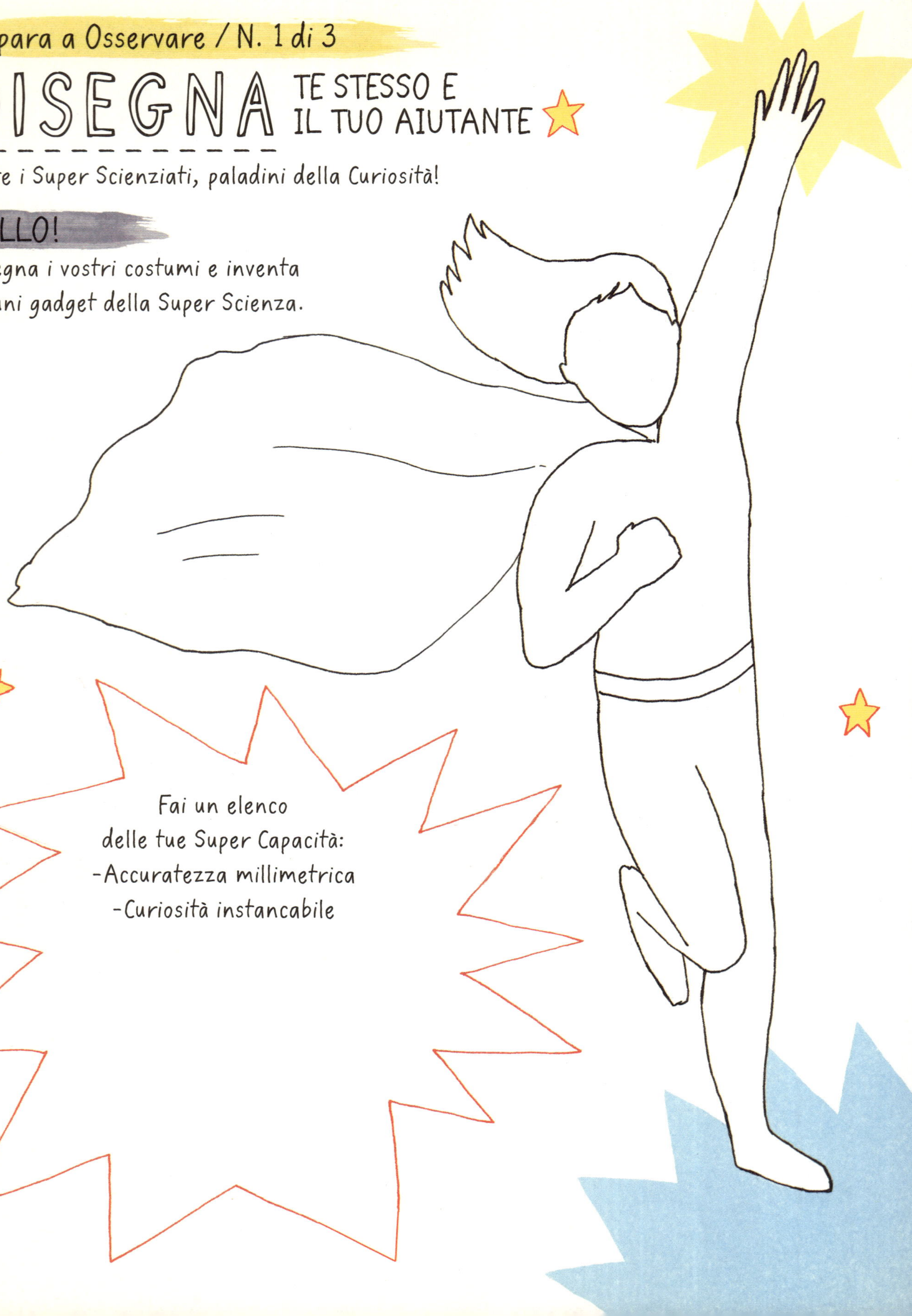

Fai un elenco
delle tue Super Capacità:
-Accuratezza millimetrica
-Curiosità instancabile

Inventa e disegna qui
il tuo gadget della Super Scienza.
Cosa ne dici di una
Pistola Laser Misuratutto?

DIVENTA L'ESPERTO MONDIALE DI UN OGGETTO A CASO

Evviva la casualità!

FALLO!

1 Scegli un oggetto a caso che trovi in casa.

2 Disegnalo nella maniera più dettagliata possibile:

Indica le parti del tuo oggetto con una parola che le descriva.

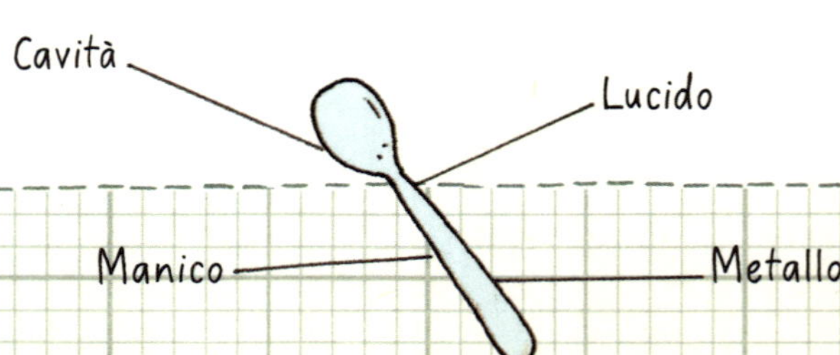

Non sforzare gli occhi così tanto o ti cadranno...

... Aiutati con una lente.

FALLO!

Completa la scheda informativa:

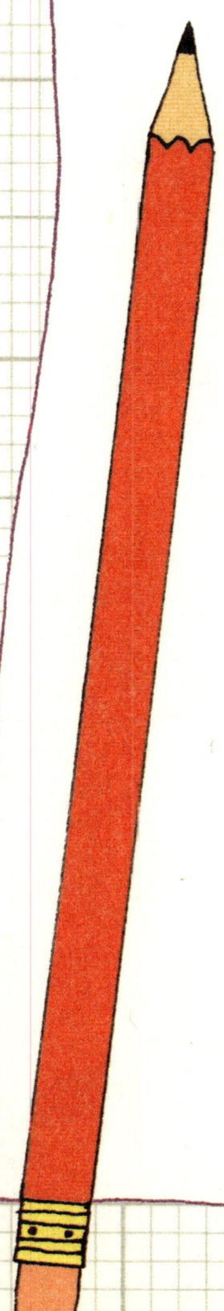

L'informazione più INUTILE che conosco su questo oggetto:

Che SAPORE ha questo oggetto?

Il modo più SCIOCCO di utilizzare questo oggetto:

Come sarà il mio oggetto fra 10 ANNI:

La BATTUTA più divertente che riesco a fare nominando questo oggetto:

TRE COSE che non so di questo oggetto

1.

2.

3.

Impara a Osservare / N. 3 di 3

SCRIVI UNA RELAZIONE SUL TUO OGGETTO CASUALE

SUPER AVVERTIMENTO:
L'unica cosa che testerai rompendo oggetti che non sono tuoi, sarà la pazienza dei tuoi genitori!

FALLO!

Esegui alcuni test scientifici sul tuo oggetto casuale.
Formula un metodo per misurarlo e testarlo e annota qui i tuoi risultati:

Quanto pesa il tuo oggetto?

....

Qual è la sua temperatura?

....

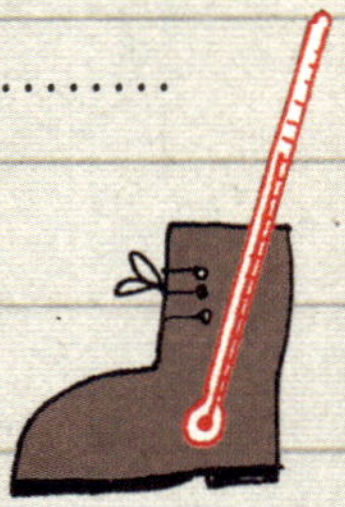

Di quanto rimbalza se lo fai cadere?

....

Riflette la luce?
SÌ/NO

Se lo congeli subisce delle mutazioni?
SÌ/NO

FALLO!

A volte non è possibile misurare qualcosa con precisione. Quando si calcola approssimativamente il valore di una grandezza invece di misurarla in maniera esatta si fa una "stima".

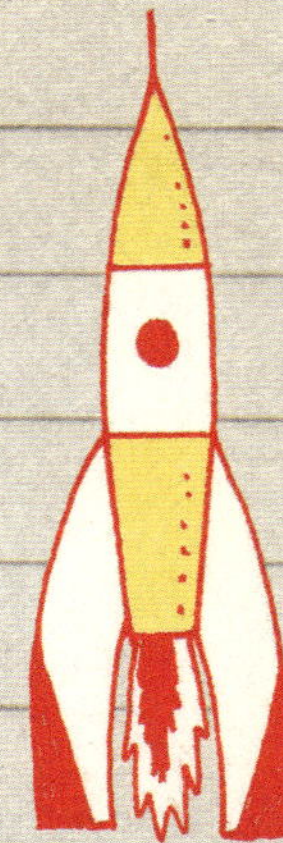

Disegna alcune idee su come testare e misurare oggetti molto grandi:

Quanti elefanti potrebbero entrare in questa casa...

Quanti ombrelli ci vogliono per tenere all'asciutto la Statua della Libertà...

CORRI

TESTA LE TUE CAPACITÀ MENTRE CORRI

FALLO!

Corri attorno alla tua casa o al parco e disegna su questa pagina tutte le cose in movimento che riesci a vedere.

Unica regola: devi disegnare MENTRE corri!

SUPER AVVERTIMENTO:

Mentre corri, continua a guardarti attorno! Fai attenzione a non scontrarti con persone o pali della luce, non scivolare su una buccia di banana...

In che modo il tuo movimento influenza i tuoi disegni?
Prova a disegnare una linea retta mentre cammini, corri e salti:

Linea disegnata mentre cammini:

Linea disegnata mentre corri:

Linea disegnata mentre salti:

COME FUNZIONA

Le forze viaggiano sempre in coppia e quindi a ogni "azione" corrisponde una "reazione" pari e contraria.
Quando cammini o corri, il tuo piede spinge verso il basso il suolo che invece spinge verso l'alto il tuo piede. Maggiore è la forza verso il basso, più forte sarà la spinta verso l'alto.

ANALIZZA QUANTO RIESCI A SBILANCIARTI

AVVERTIMENTO GIGANTESCO:
Fai moltissima attenzione

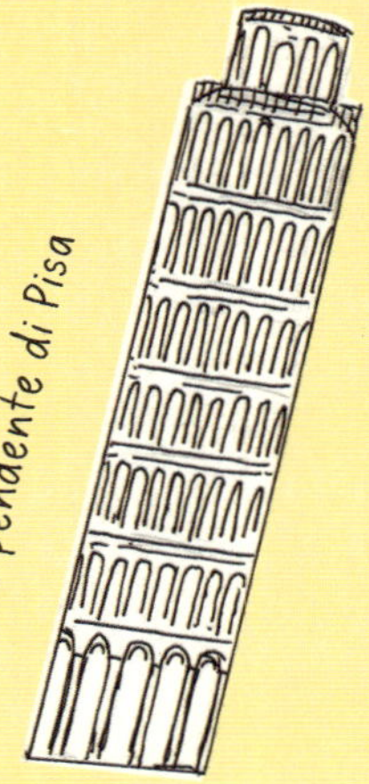

La Torre pendente di Pisa

FALLO!

1. Prepara un piano di atterraggio morbido. Fai attenzione mentre ti inclini in avanti!
2. Verifica quanto riesci a sbilanciarti in avanti. Qual è la tua inclinazione?

COME MISURERAI LA TUA INCLINAZIONE?

Non è semplice! Potresti...
... gridare "Geronimooo" lentamente?
... o progettare uno sbilanciometro?

LO SBILANCIOMETRO

Pensa oltre il limite dei tuoi piedi! Stai in equilibrio su diverse parti del tuo corpo.

CADE!

FALLO!

Prova alcune posizioni di equilibrio. Sono facili o difficili?

il supereroe

☐ 1 = facile
10 = difficile

☐

il ginnasta

☐

la sedia invisibile

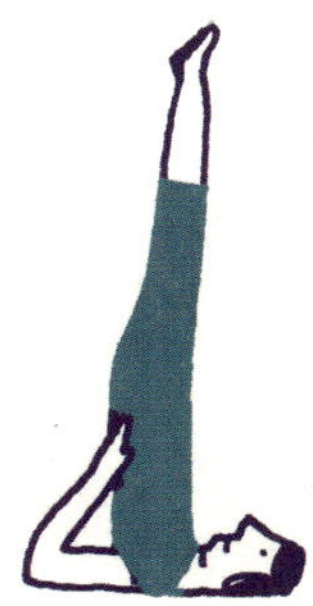

☐

il sottosopra

☐

l'uccello

Sir Isaac Newton scoprì la gravità.

COME FUNZIONA

Ogni oggetto, inclusi i nostri corpi, ha un centro di gravità, il punto esatto in cui il nostro peso è distribuito equamente. Sbilanciandoti in avanti, il tuo centro di gravità non sarà più sopra ai tuoi piedi. Il tuo peso non sarà sostenuto e cadrai in avanti.

FAI SCIVOLARE UNA MONETA LUNGO LA PAGINA

FALLO!

1

Raccogli campioni di materiali di diverso tipo, come carta stagnola, pellicola trasparente o stoffa.
Incolla alcune strisce su questi scivoli.

2

Inclina il libro tenendolo per un angolo e fai scivolare una moneta lungo ogni scivolo.
Quale dei tre è il più veloce?

COME FUNZIONA

L'attrito è una forza che si oppone allo scivolamento di un corpo su una superficie.
Alcune superfici creano più attrito di altre.
Più una superficie è liscia, meno attrito creerà.

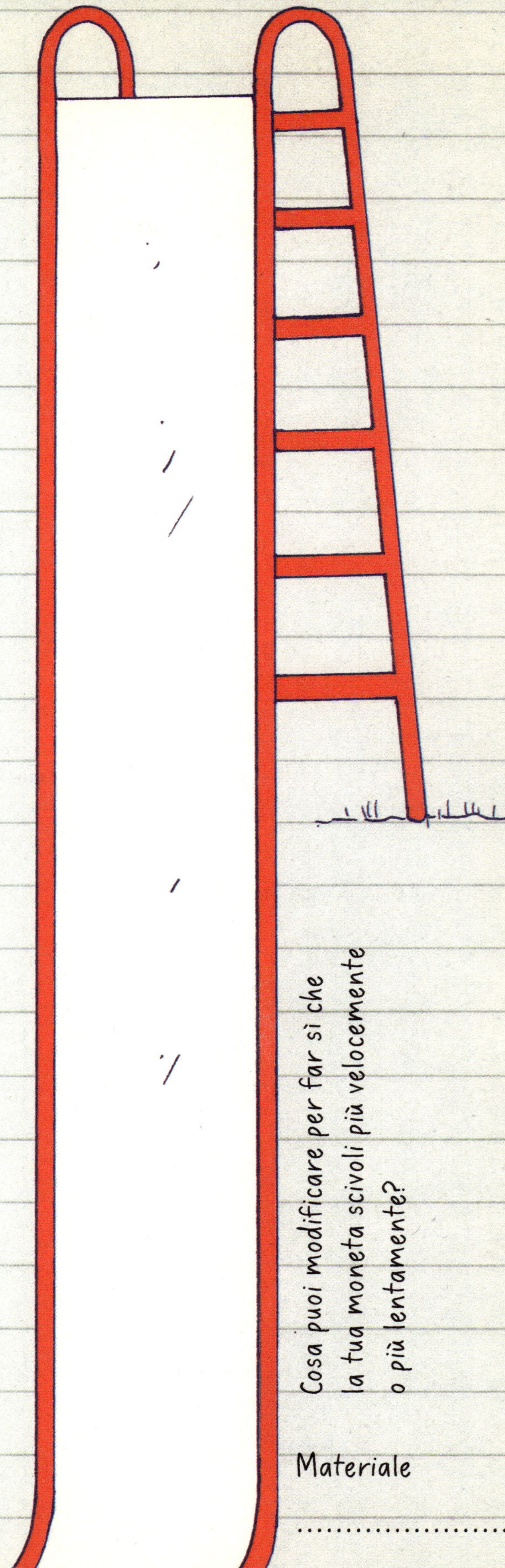

Cosa puoi modificare per far sì che
la tua moneta scivoli più velocemente
o più lentamente?

Materiale

....

Materiale

....

SPOSTA QUESTO LIBRO PIÙ LONTANO CHE PUOI

FALLO!

Inventa un modo per spostare questo libro più in là che puoi e in una sola mossa. Pensa ai tipi di forza che già conosci e prova a utilizzarli per muovere il libro.

Soffia

Per aiutarti, puoi anche pensare di usare altri oggetti. Riesci a far rotolare il tuo libro utilizzando alcune matite come ruote?

Puoi utilizzare un righello come leva?

Vola

Spingi

AVVERTIMENTO DI CORTESIA

Per favore, non tirare questo libro ai tuoi familiari o ai tuoi animali domestici. Grazie.

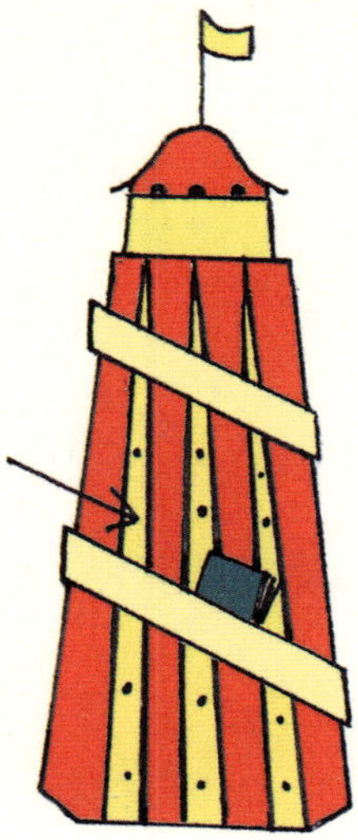

Scorri

Disegna qui il tuo metodo per muovere libri:

Fai rotolare

COME FUNZIONA

Un oggetto in movimento possiede una "quantità di moto". Questo significa che l'oggetto continuerà a muoversi finché un'altra forza non lo fermerà, come l'attrito o la resistenza fluidodinamica.

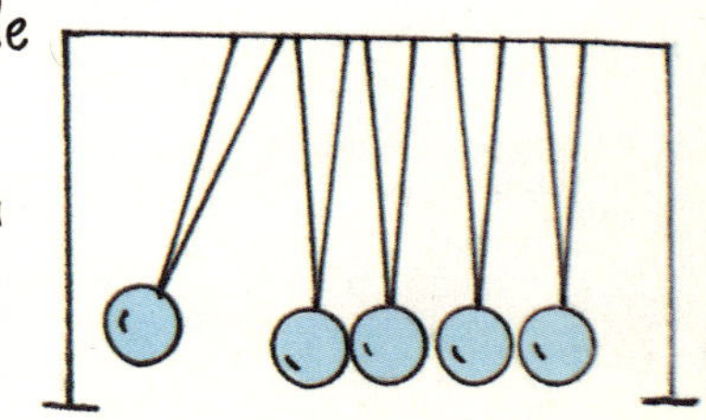

Matematica / N. 1 di 4

DISEGNA UNA FORMA FRATTALE INFINITA

FALLO!

Aggiungi rami a intervalli regolari lungo le propaggini di questa felce. Continua aggiungendo rami più piccoli a quelli appena disegnati e così via.

Matemagico!

COME FUNZIONA

Un frattale è un oggetto geometrico dotato di "similarità" interna: si ripete nella sua forma allo stesso modo su scale diverse.

I frattali sono molto frequenti in natura, come ad esempio le felci o le conchiglie.

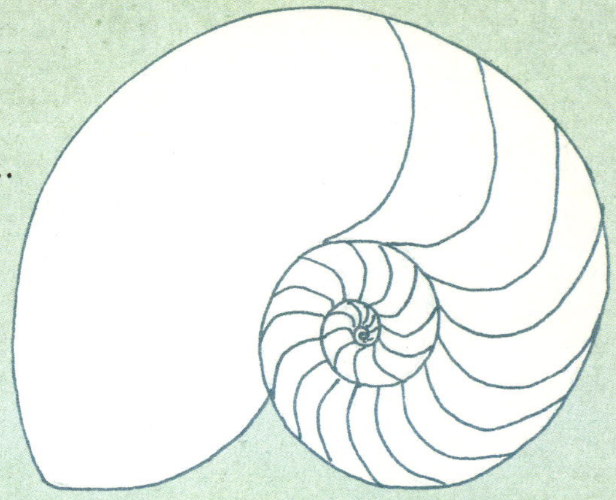

FALLO!

Completa questo triangolo di Sierpinski. Disegna triangoli a testa in giù in ogni triangolo all'insù fino a che non hai più spazio per disegnarne altri.

PENSA A COME FAR ENTRARE PIÙ PERSONE POSSIBILI SUL BUS

Possono essere in piedi, sedute o sdraiate. Infilane più che puoi.

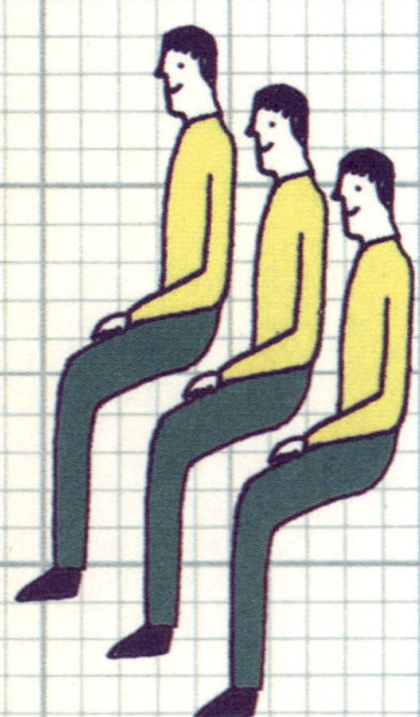

Ehi - mi stai schiacciando!

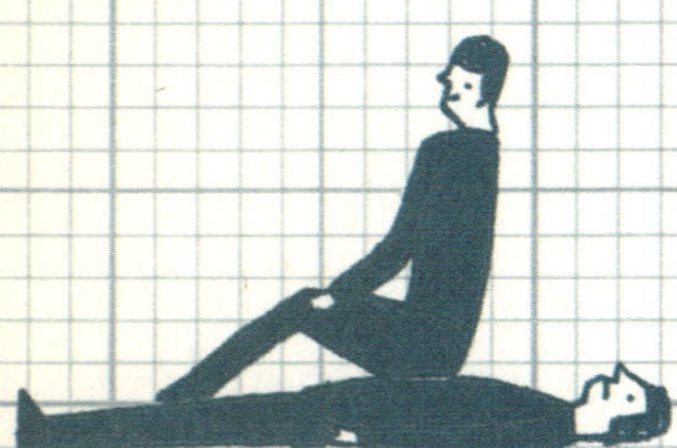

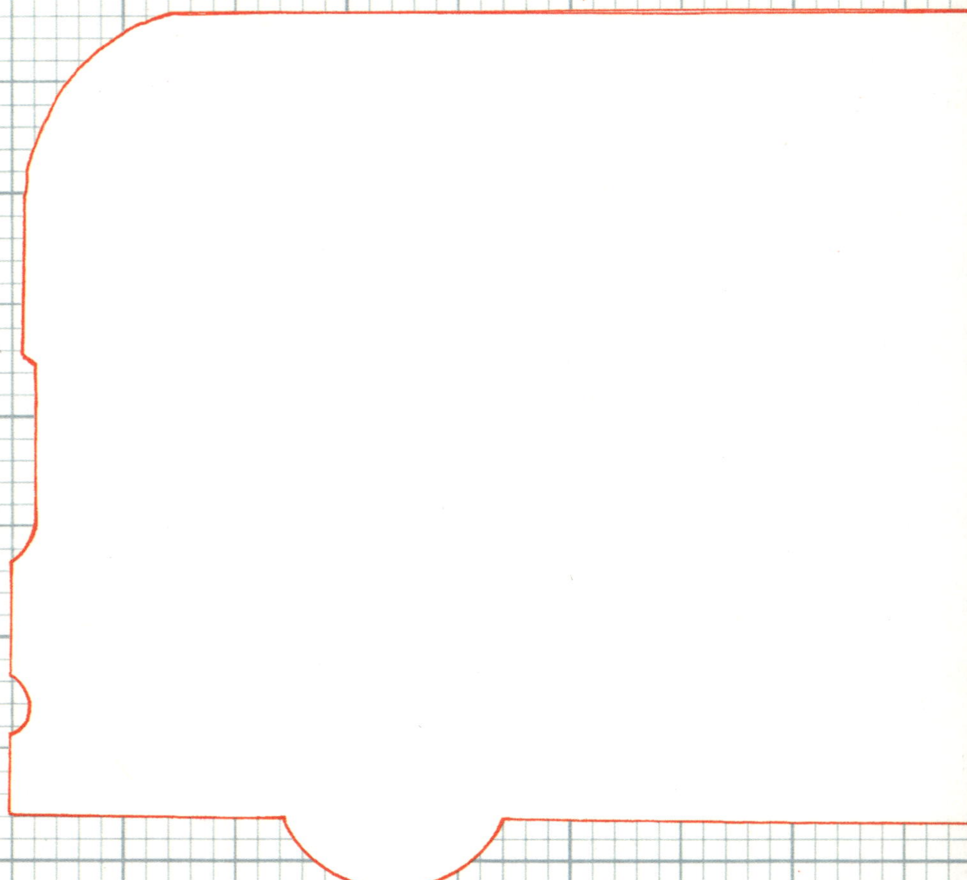

FALLO!

1 Utilizza questo spazio per allenarti a disegnare le tue persone.

2 Ora falle entrare dentro la figura del bus.

Piega e incastra le persone in posizioni inconsuete.

COME FUNZIONA

Si dice tassellatura quando si ricopre un piano con una o più figure geometriche ripetute all'infinito senza sovrapposizioni.

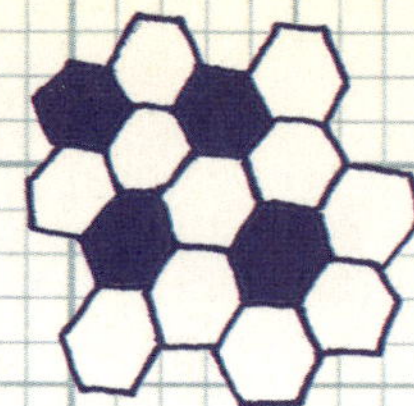

FALLO!

Vai pagina 73.
Ritaglia le figure.
Ricalca i loro contorni qui sotto:

TEST DI TASSELLATURA

comodo

via di mezzo

scomodo

FALLO!

Quali di queste forme sono "tasselli"? Quali non lo sono?
Esprimi una valutazione!

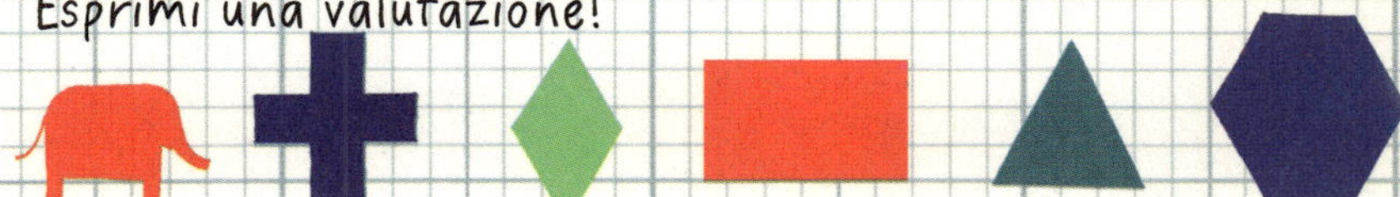

COLORA QUESTO ROMPICAPO MATEMATICO

Ecco un esempio - sono serviti solo tre colori!

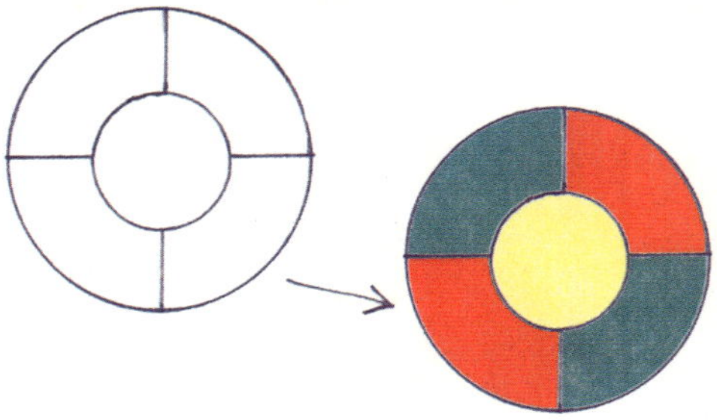

FALLO!

Colora queste forme utilizzando il minor numero possibile di colori, in modo che due spazi adiacenti non siano mai della stessa tinta. (Se sono gli angoli a toccarsi va bene)

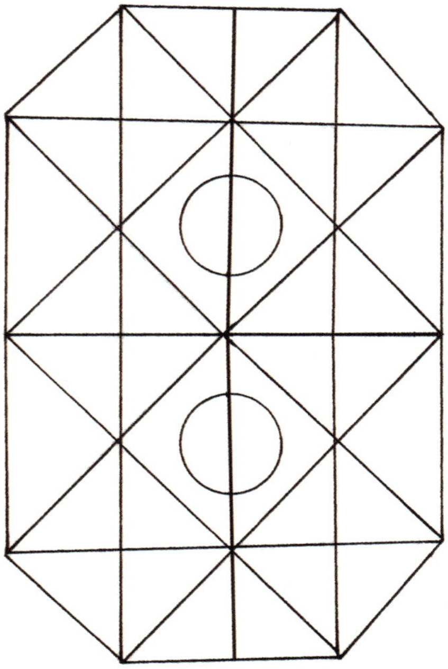

Qual è il numero minimo di colori di cui hai bisogno?

Qual è il numero massimo?

Prova a colorare questo scarabocchio:

FALLO!

Disegna uno scarabocchio e coloralo utilizzando il minor numero possibile di colori:

COME FUNZIONA

Per ogni forma, avrai bisogno al massimo di quattro colori. Sì, veramente! La spiegazione matematica si chiama Teorema dei Quattro Colori.

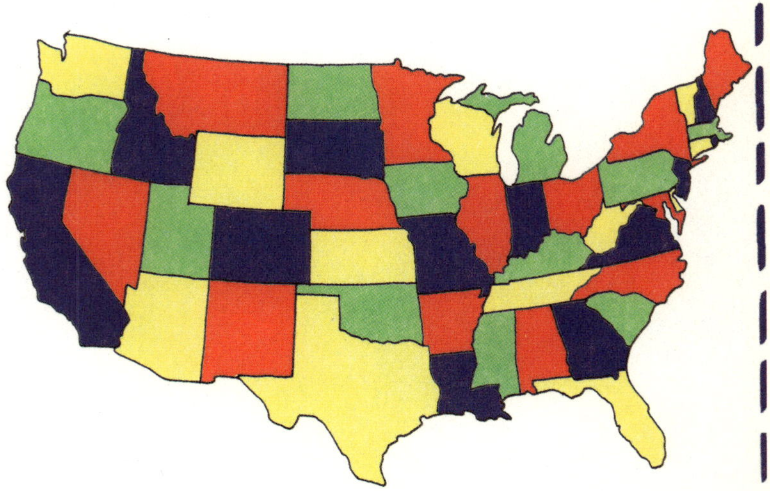

RISOLVI L'INDOVINELLO DEL CONTADINO JOHN, LA VOLPE, LA GALLINA E IL GRANTURCO

FALLO!

Aiuta il contadino John! Ha bisogno di trasportare la sua volpe, la sua gallina e il suo granturco dall'altra parte del fiume. Possiede una barca a remi che però può portare solo lui e una delle tre cose sopra citate.

Se la gallina rimane sola con la volpe, questa la mangerà. Se la gallina rimane sola con il grano, sarà lei a mangiarselo...

Come può fare?

Risposta a pagina 2

Se ti è d'aiuto, disegna il contadino, la volpe, la gallina e il granturco su un foglio e ritagliali. Poi muovili sulla pagina per risolvere l'indovinello.

COME FUNZIONA

Questo non sembra essere il tipico problema di matematica fatto di numeri e somme. Questo tipo di ragionamento è però una parte importante della matematica applicata al mondo reale, come ad esempio nella programmazione di computer.

DISEGNA NUOVE COSTELLAZIONI PER IL CIELO NOTTURNO

FALLO!

Unisci con una linea le stelle di questa mappa astrale per creare le tue costellazioni.

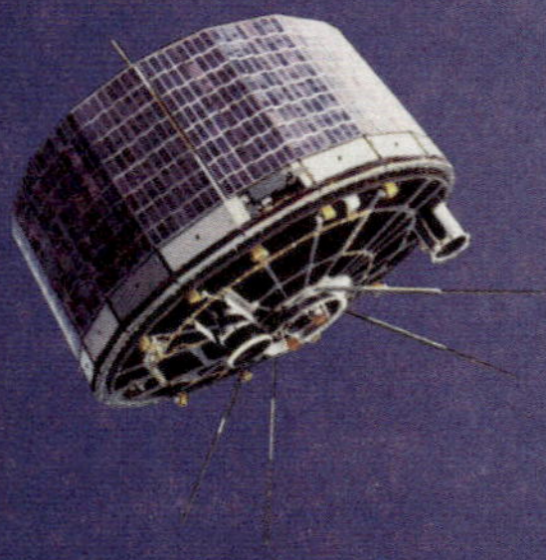

COME FUNZIONA

Sin dalla notte dei tempi, gli uomini hanno visto e dato un nome alle forme e ai disegni nascosti nel cielo stellato. Poiché le stelle cambiano posizione nel corso dell’anno, un tempo venivano utilizzate per scandire il tempo della semina e del raccolto.

IMMAGINA DI POTER MUOVERE LA TERRA

FALLO!

Disegna un fumetto fingendo di essere un genio del male in grado di avvicinare o allontanare la Terra dal Sole.

Qual è il titolo del fumetto?

Qual è la prima cosa che farai?

Cosa succede al Polo Nord e al Polo Sud?

Cosa succede alla tua città?

Qual è la reazione della gente?

Poi, all'improvviso...

Il gran finale...

COME FUNZIONA

L'acqua è indispensabile alla vita. Fortunatamente, la Terra si trova in una zona molto speciale del nostro sistema solare, chiamata Zona abitabile. È sufficientemente vicina al Sole perché l'acqua non si ghiacci completamente, ma distante abbastanza perché l'acqua non vada in ebollizione evaporando.

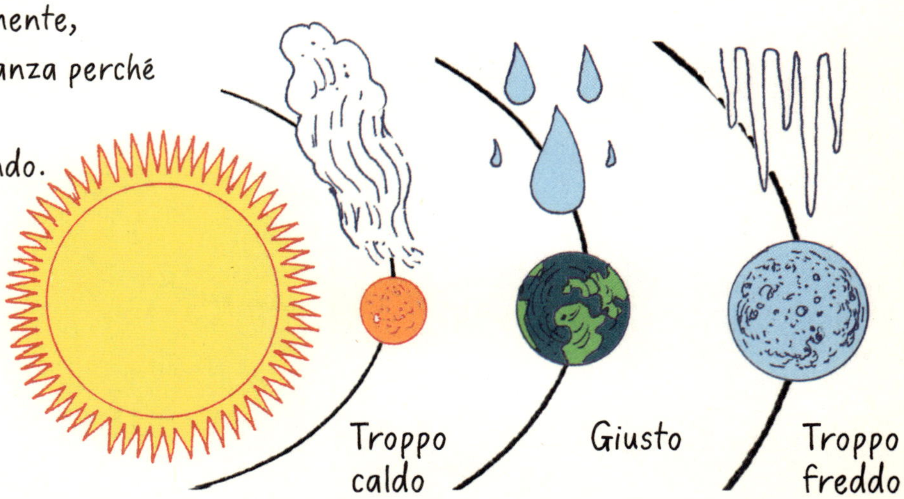

DISEGNA LA LUNA NEL MODO PIÙ DETTAGLIATO POSSIBILE

FALLO!

Esci e guarda la Luna. Utilizza un telescopio o un binocolo se ce l'hai. Studia le forme sulla sua superficie e disegnale qui:

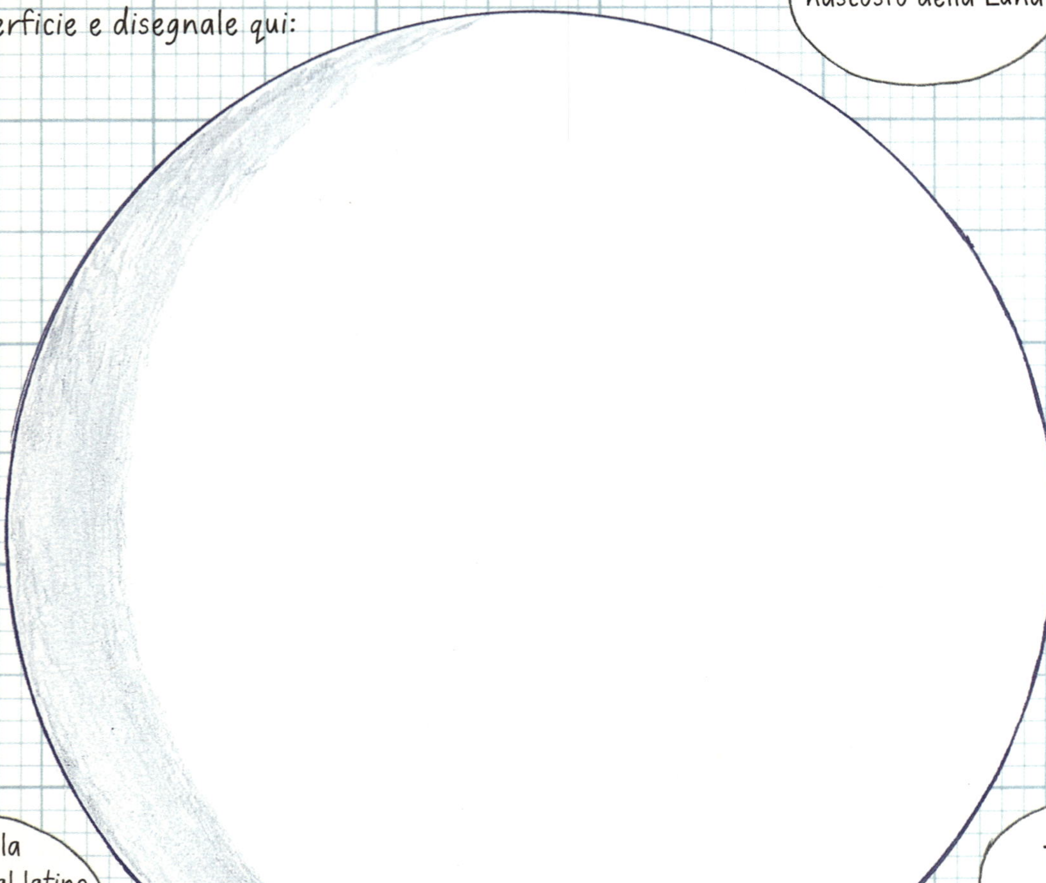

Invece di vedere l'immagine del volto di un uomo impressa sulla Luna, alcune culture vedono un coniglio.

FALLO!

Disegna ogni giorno l'aspetto della Luna per un mese.

Questa tabella lunare è stata completata nel mese di ....

COME FUNZIONA

Il modo in cui la Luna si muove attorno alla Terra, dà l'impressione che la sua forma cambi.

Vai a pagina 76 e realizza un modellino che mostri il moto della Luna, della Terra e del Sole.

FAI LA VALIGIA PER UN VIAGGIO NELLO SPAZIO

FALLO!

Immagina di essere un astronauta in partenza per un mese nello spazio. Disegna tutto ciò di cui avrai bisogno per vivere in assenza di gravità.

COME FUNZIONA

Le attività più semplici come mangiare e andare in bagno, sono molto più complicate in una stazione spaziale priva di gravità. Gli astronauti si legano per dormire e i condimenti come sale e pepe sono in forma liquida.

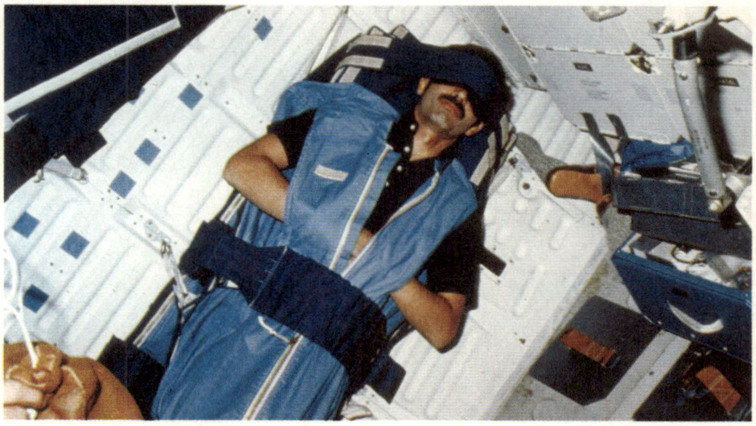

UTILIZZA QUESTI CAMPIONI DI COLORE PER I TUOI OGGETTI

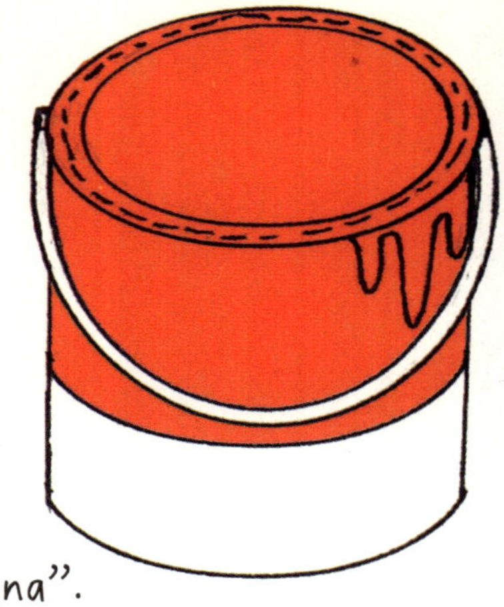

FALLO!

1 Recupera frammenti di oggetti dello stesso colore dei barattoli qui sotto e attaccali sui colori corrispondenti.

2 Nomina i colori con lo stesso stile delle confezioni di pittura tipo "Brezza energetica" o "Smalto di Sirena". Più sono buffi, meglio è.

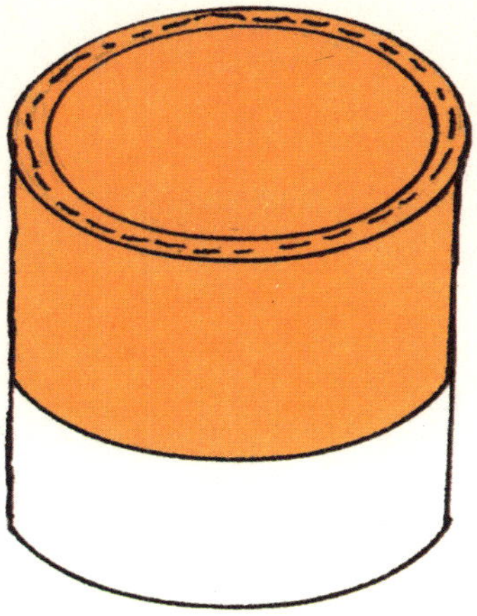

FALLO!

Una volta completato il tuo campionario di colori, osservalo attraverso una lente colorata. Una bottiglia di plastica colorata va bene. Cosa cambia?

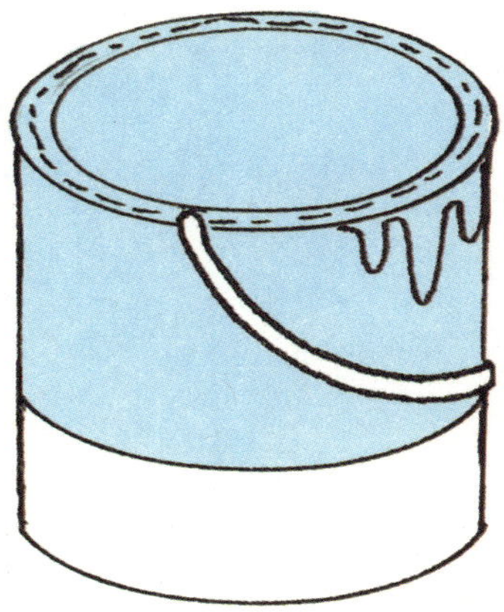

COME FUNZIONA

Gli elementi che ci circondano appaiono di colori differenti a seconda del modo in cui riflettono la luce nei nostri occhi. La luce bianca è in realtà una combinazione di tutti i colori. Guardando attraverso una lente colorata si filtrano alcune parti della luce bianca e di conseguenza i colori appaiono mutati.

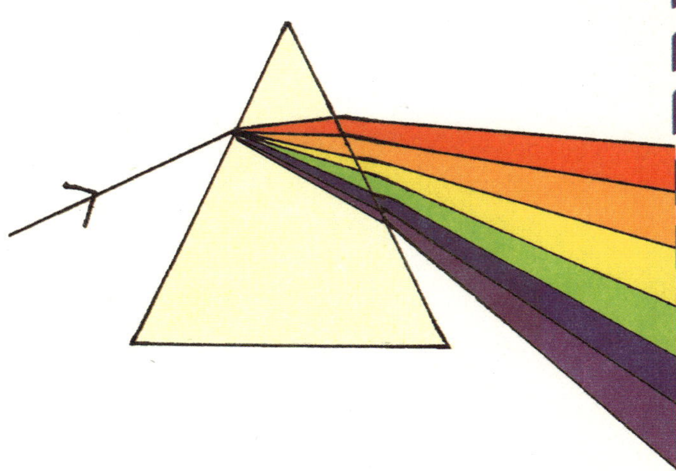

SCATTA

FOTOGRAFIE ISTANTANEE CON I TUOI OCCHI

AVVERTIMENTO GIGANTESCO:
Non fissare mai il Sole!
Il Sole si offende e danneggerà i tuoi occhi.

FALLO!

Osserva una fonte di luce da lontano, ad esempio una finestra (NON il Sole!), per 10 secondi. Chiudi gli occhi e osserva l'immagine che rimane impressa sulle tue palpebre. Ora prova a disegnarla nei riquadri sottostanti.

FALLO!

In una stanza ben illuminata, fissa il punto al centro di questa bandiera per 20 secondi, poi chiudi leggermente gli occhi. Cosa vedi?

FALLO!

Disegna un solido con il pennarello nero. Fissa la figura in piena luce per 20 secondi, poi chiudi leggermente gli occhi.

COME FUNZIONA

Nell'occhio sono presenti cellule fotorecettrici. Se fissi un colore per un periodo prolungato, queste cellule avranno bisogno di ricaricarsi. E quando distoglierai lo sguardo, non funzioneranno molto bene e quindi vedrai l'opposto di ciò che stai effettivamente guardando.

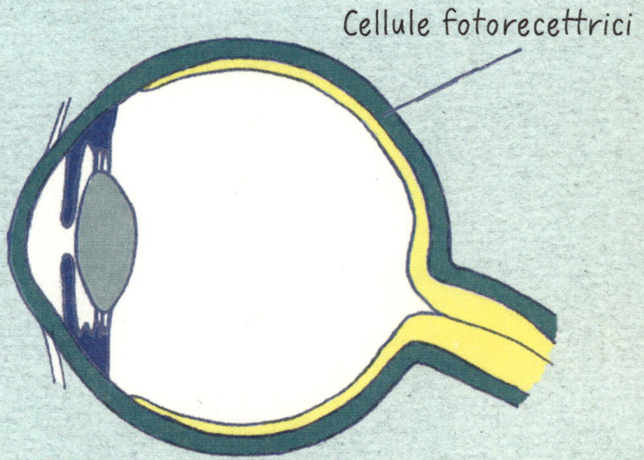

OSSERVA TE STESSO

Quanto è piccolo il tuo riflesso più piccolo?

FALLO! Disegna come appari fra due specchi.

Quanti "te" vedi?

Non è facile disegnare i propri riflessi quando sono uno dentro l'altro.
Non preoccuparti se viene un disegno STRANO: va bene così!

FALLO!

Mettiti in posa.

Fai le boccacce

A-ttenti!

Ondeggia

Ondeggia

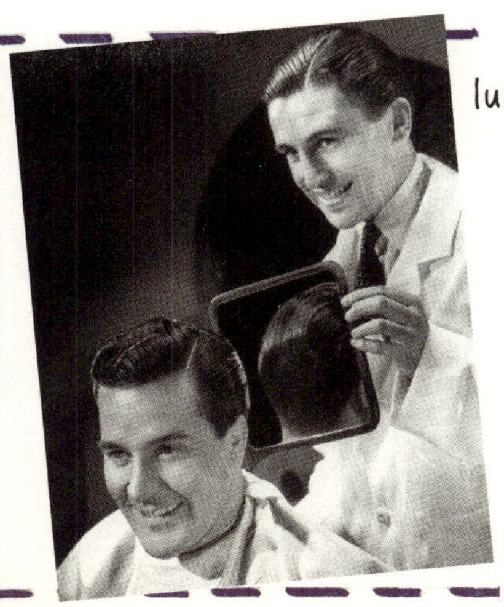

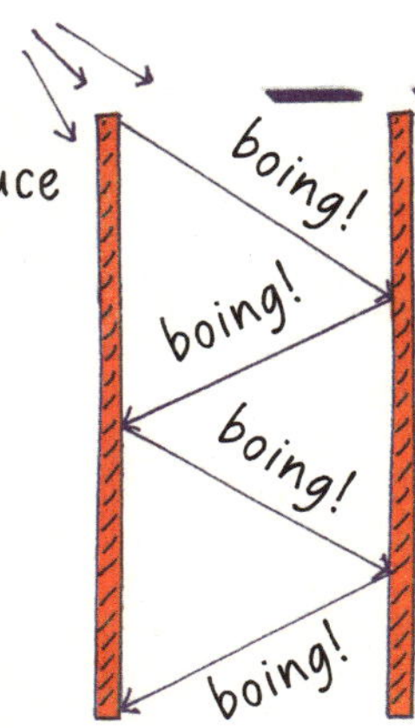

COME FUNZIONA

La luce rimbalza dal primo specchio e poi dal secondo. Ogni specchio riflette ciò che si vede nell'altro, incluso se stesso e così sembra che ogni specchio sia infinito.

CREA UN PERCORSO A OSTACOLI PER LA LUCE

FALLO!

Recupera oggetti che riflettano, distorcano, lascino passare o filtrino la luce. Costruisci un percorso a ostacoli e fallo attraversare da un fascio di luce.

Utilizza una torcia potente per generare il tuo fascio di luce.

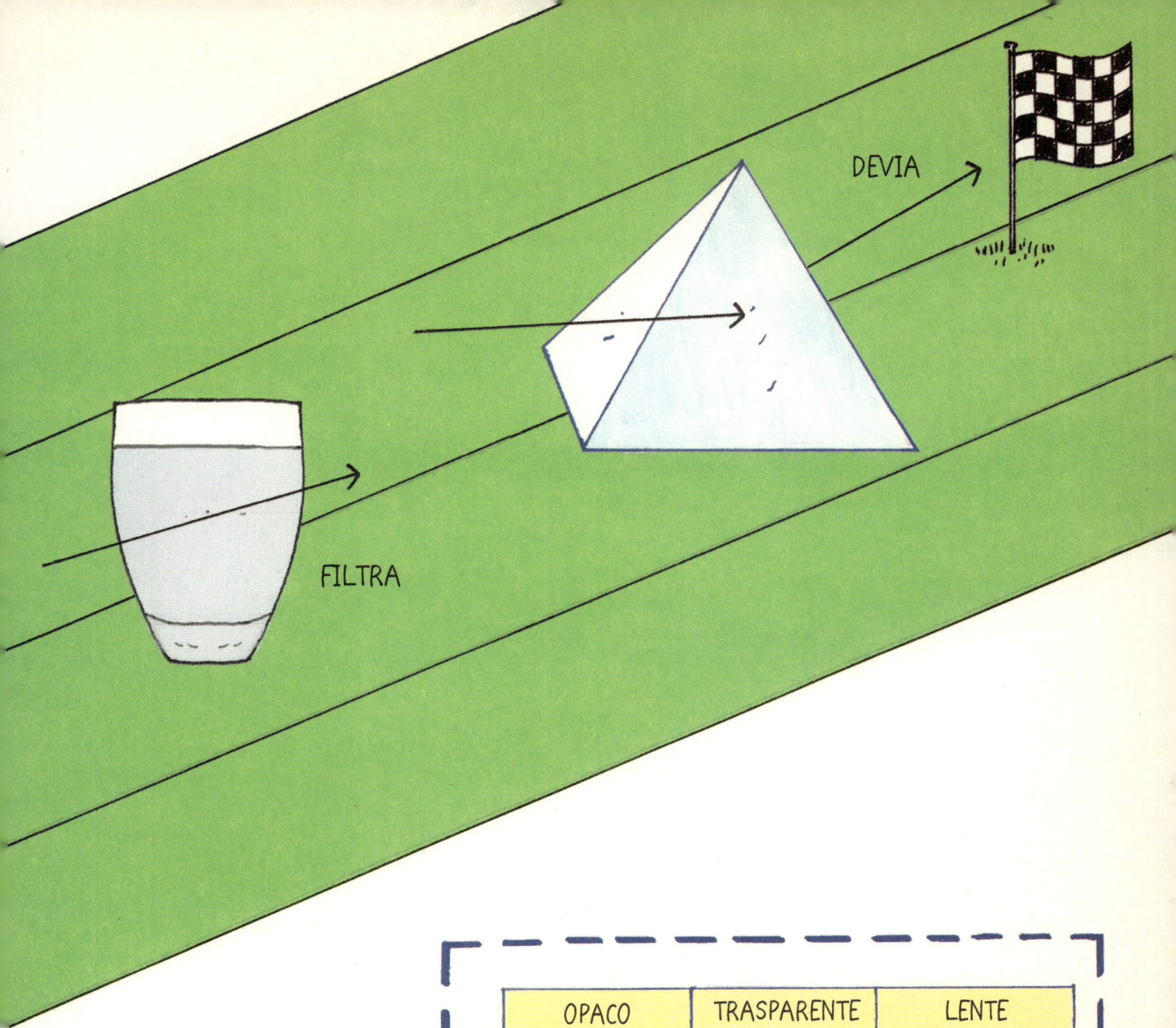

COME FUNZIONA

Superfici brillanti come quella di uno specchio, fanno rimbalzare la luce, gli oggetti opachi la bloccano e quelli trasparenti ne lasciano passare un po'. Alcuni oggetti, come le lenti, sono in grado di piegare la luce modificandone la direzione.

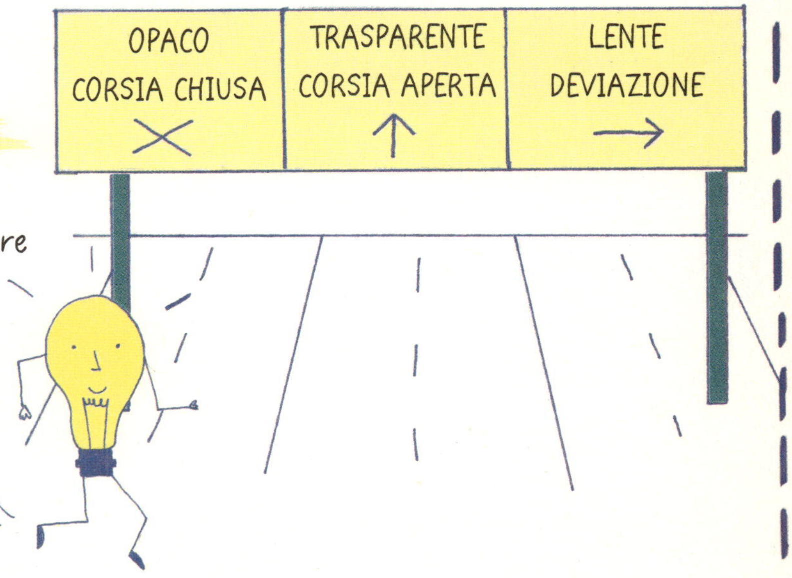

CONGELA L'ACQUA IN UN ATTIMO

FANTASTICO!

Tutto ciò di cui hai bisogno è una bottiglietta di plastica di acqua frizzante.

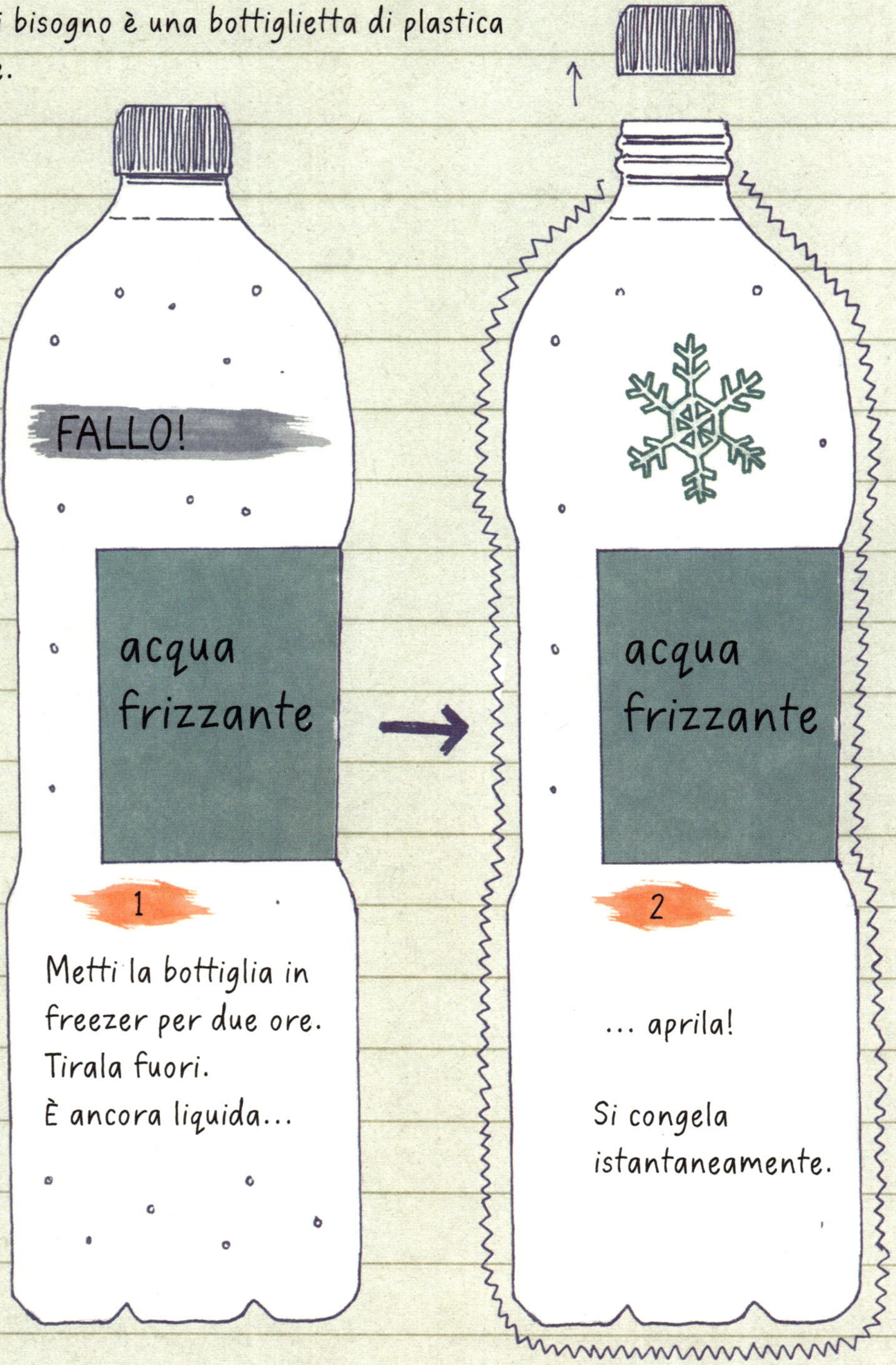

PRIMA DOPO

FALLO!

Ora prova con bevande non gassate oppure gassate e dolci. Cosa succede? Funziona?

tipo di bevanda	osservazioni	risultati

COME FUNZIONA

Le bollicine nell'acqua gassata sono fatte di anidride carbonica. La presenza di questo gas rende più difficile il processo di congelamento dell'acqua. L'acqua frizzante infatti rimane liquida se messa nel freezer. Quando si toglie il tappo però, il gas fuoriesce e l'acqua si congela istantaneamente.

CREA ARTE MODERNA CON LA CROMATOGRAFIA

FALLO!

1

Recupera alcuni filtri di carta da caffè o carta da cucina, una selezione di pennarelli ad acqua e una tazza con un po' d'acqua. Taglia la carta a strisce.

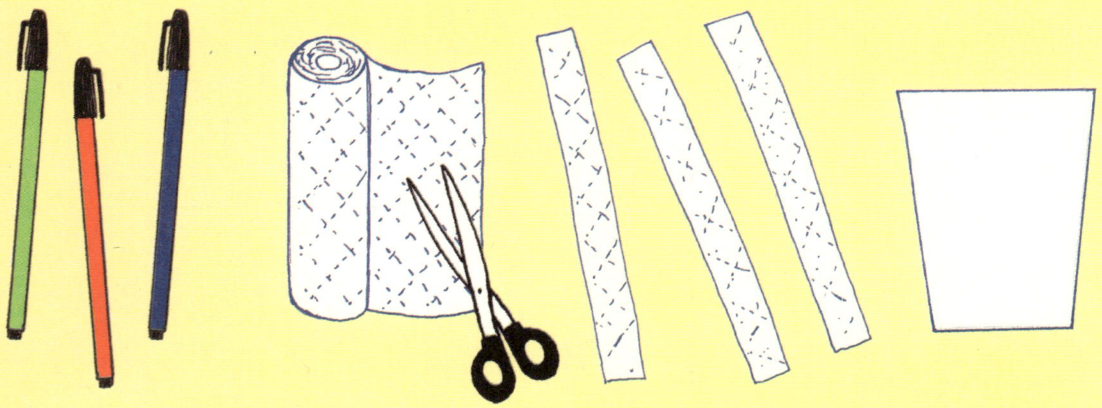

2

Colora un pallino a circa 1 cm dal margine inferiore delle strisce di carta. (Il nero è un colore divertente da testare!)

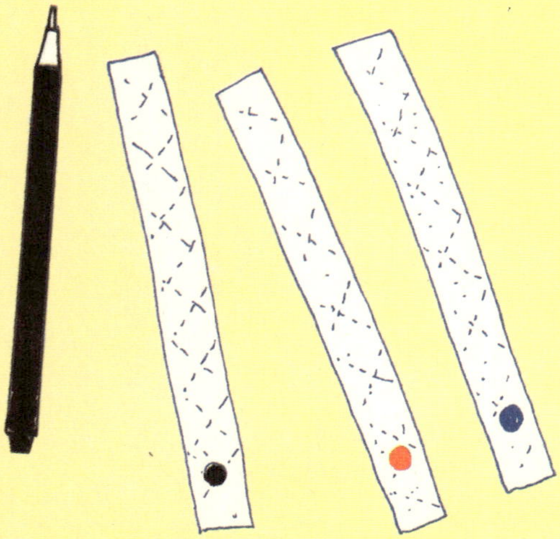

3

Riempi la tua tazza con circa 0,5 cm di acqua. Metti tutte le strisce nella tazza in modo che i pallini colorati siano appena sopra il livello dell'acqua ma SENZA toccarla.

Cosa succede ai pallini colorati dopo 10 minuti?

FALLO!

Quando le strisce si saranno asciugate, ritaglia le forme che si sono generate. Incollale qui e utilizzale per creare un'opera di arte moderna.

COME FUNZIONA

La cromatografia è una tecnica di separazione di un miscuglio omogeneo. L'inchiostro nel tuo pennarello è composto da diverse tinte. L'acqua dissolve l'inchiostro separando i diversi colori.

ASSAGGIA IL TUO ESPERIMENTO CULINARIO

FALLO!

1

Procurati un po' di cioccolata e del gelato.
Dividili in 3 porzioni.

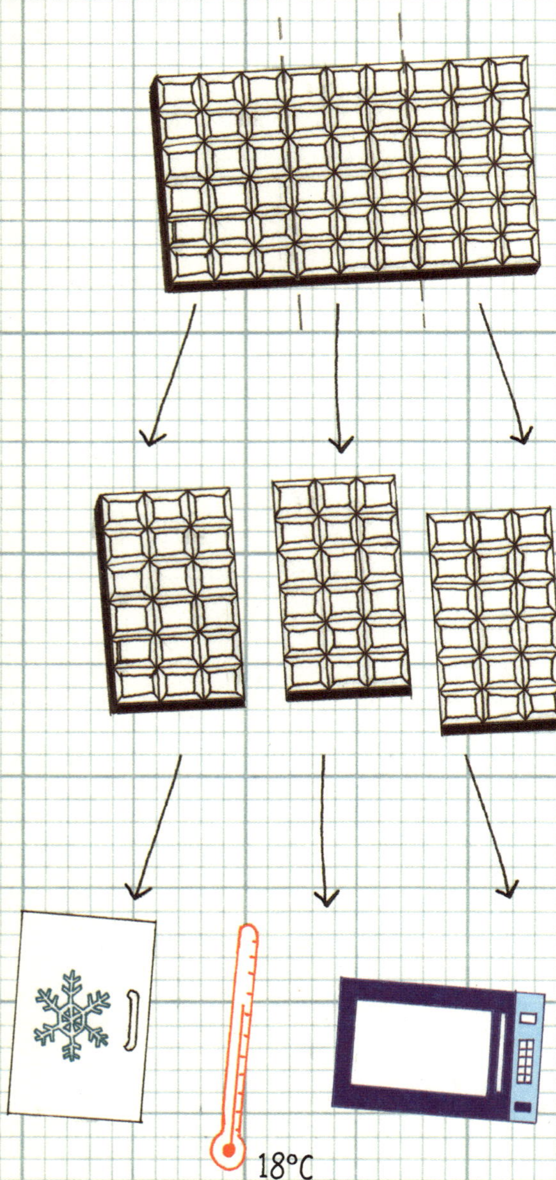

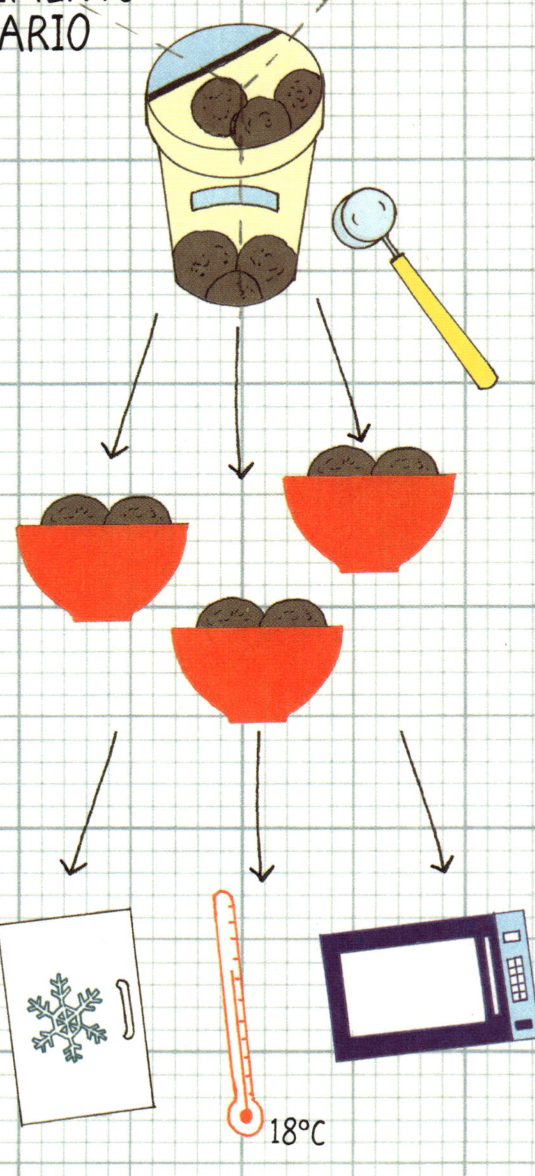

2

Lascia una porzione di ciascuno nel freezer e una a temperatura ambiente per un'ora; scalda la rimanente con il microonde. Assaggiale tutte.

Il sapore cambia in base alla temperatura?

FALLO!

Descrivi il sapore e la consistenza della cioccolata e del gelato a ogni temperatura, utilizzando parole eleganti, come sul menu di un ristorante di classe.

ANTIPASTO:
Cioccolata e gelato congelati

PRIMO PIATTO:
Cioccolata e gelato a temperatura ambiente

DESSERT:
Cioccolata e gelato tiepidi

COME FUNZIONA

La cioccolata e il gelato hanno punti di fusione diversi: passano dallo stato solido a quello liquido a temperature differenti. Il passaggio da solido a liquido non accade istantaneamente, ma è graduale. Ecco perché la cioccolata presa dal freezer è più dura di quella a temperatura ambiente anche se sono entrambe solide.

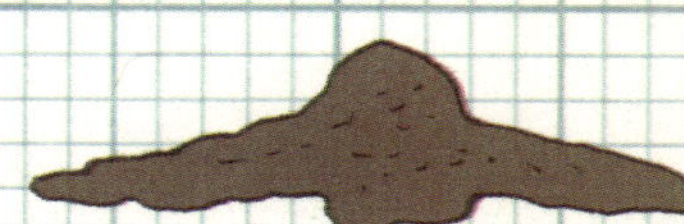

A temperatura ambiente il gelato si scioglie, ma la cioccolata rimane solida.

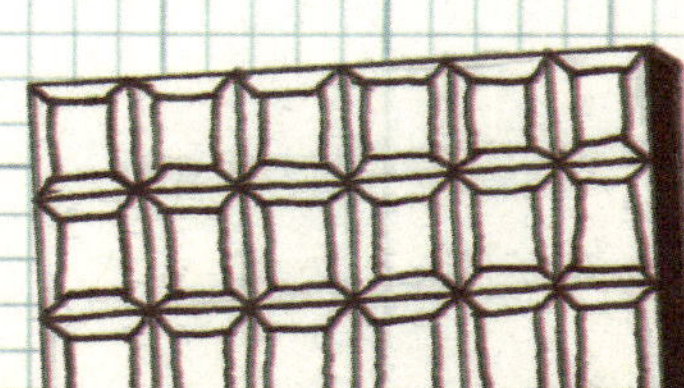

ASCOLTA I RUMORI DI SOTTOFONDO

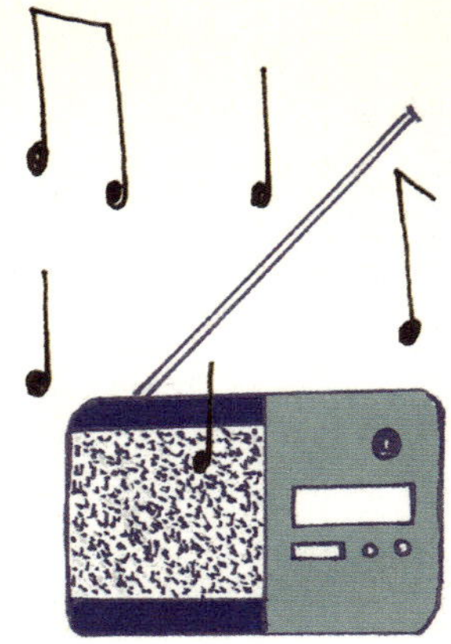

FALLO!

Chiudi gli occhi per un minuto. Ascolta con molta attenzione. Disegna o scrivi tutti i suoni che senti. Ce n'è qualcuno che di solito non noti?

Qual è il suono
più silenzioso che riesci
a sentire? Prova
a trascriverlo
in una parola.

COME FUNZIONA

Il suono è fatto di vibrazioni che sollecitano i nostri timpani e inviano segnali al nostro cervello. Poiché è impossibile spegnere i timpani, dopo un po' il nostro cervello filtra i rumori di sottofondo e noi smettiamo di farci caso.

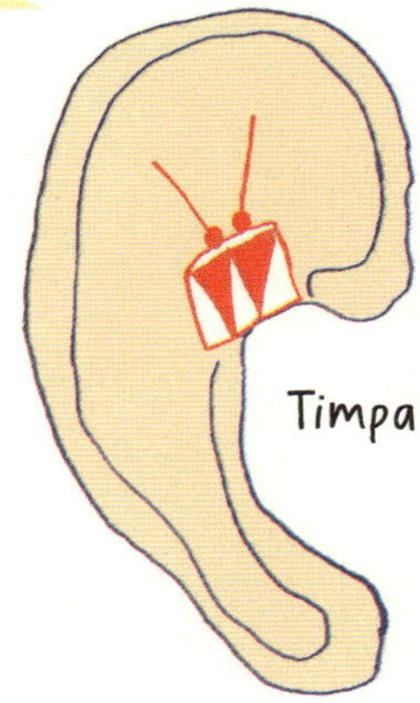

SUONA UNA CANNUCCIA COME FOSSE UN OBOE

Wow, non sapevo di essere portata per la musica!

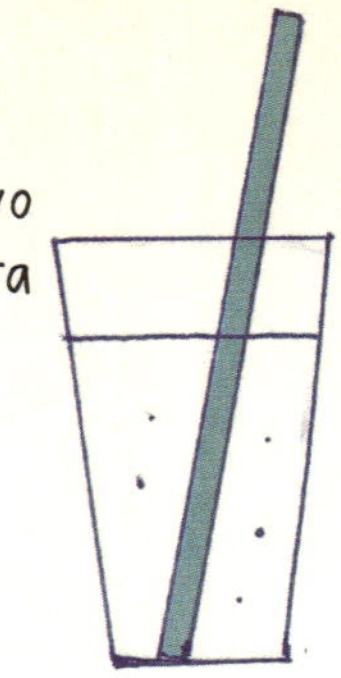

FALLO!

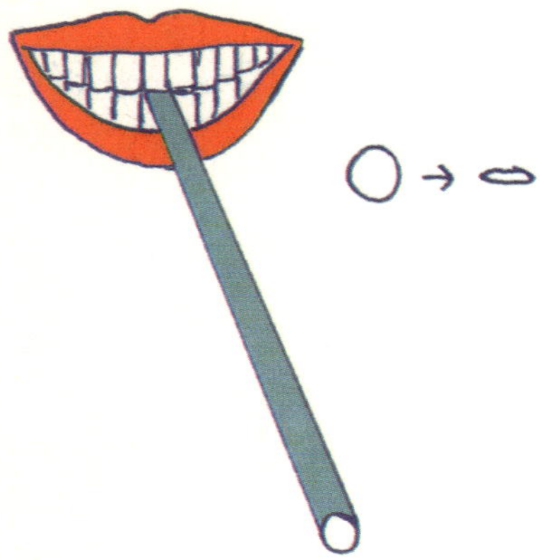

1

Prendi una cannuccia e appiattisci una delle estremità mordicchiandola e stirandola fra i denti...

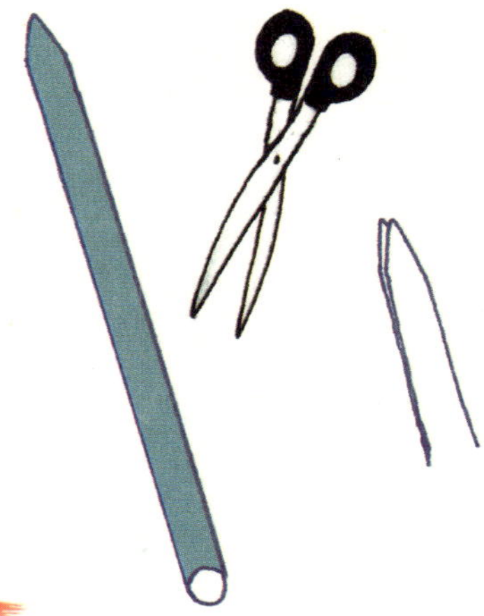

2

Taglia gli angoli così che la parte piatta sembri una matita.

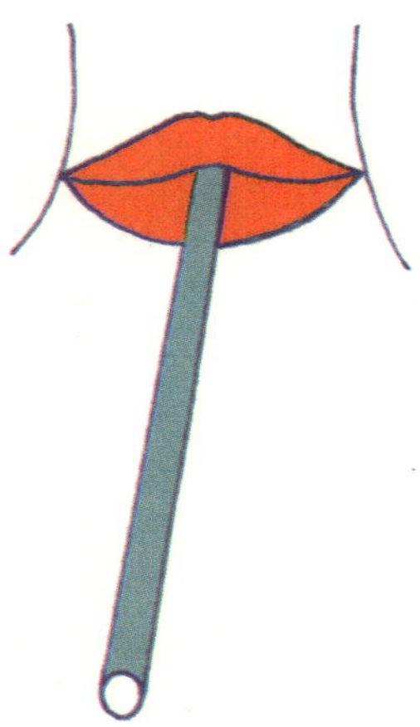

3

Inserisci l'estremità piatta nella tua bocca, chiudi le labbra e soffia! Aggiusta la potenza del soffio fino a che non emetti una nota.

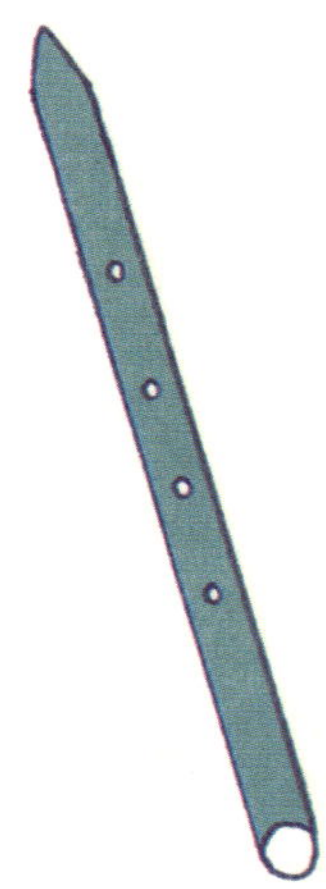

4

Aggiungi dei buchi. Riesci a suonare note diverse?

FALLO!

Chiama i tuoi amici e realizza con loro strumenti musicali utilizzando elementi di scarto. Riuscite a suonare una melodia?

COME FUNZIONA

L'estremità tagliata della cannuccia vibra quando soffi. Con questo gesto, invii impulsi di aria vibrante lungo la cannuccia che quindi emette un suono. L'altezza della nota - acuta o grave - è influenzata dalla frequenza delle vibrazioni (dalla loro velocità). Più veloci sono le vibrazioni, più alta sarà la nota.

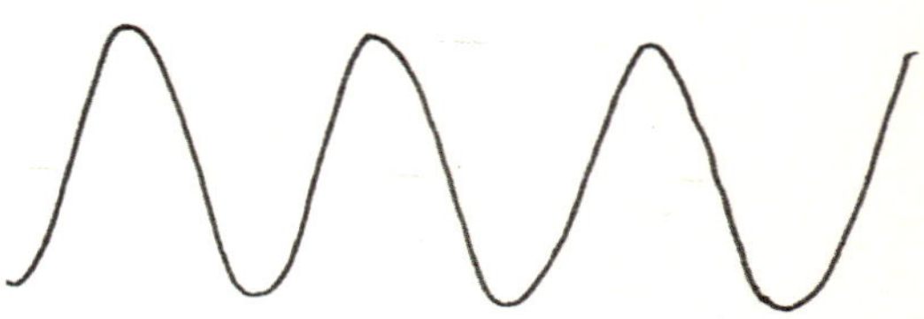

Nota grave

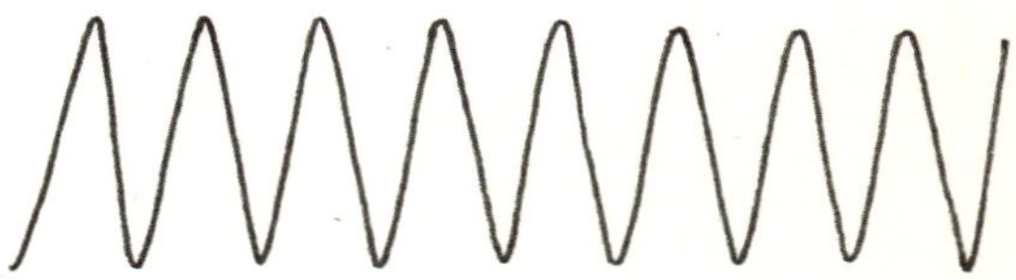

Nota acuta

PROGETTA UN NUOVO STRUMENTO MUSICALE

FALLO!

Inventa uno strumento musicale e disegnalo qui sotto. Descrivi il suono che emette.

Muoviti!

Siamo gemelle!

Colora il suono che emerge da questo corno. Hai ragione, il suono non ha colore, ma colorare è divertente.

COME FUNZIONA

Gli strumenti musicali producono suoni in tanti modi differenti. Strumenti come l'arpa o il piano, hanno delle corde che vibrano se pizzicate o colpite. I fiati, come il flauto o la tromba, emettono suoni attraverso la vibrazione dell'aria nello strumento. Le percussioni, come i tamburi, hanno una membrana elastica che vibra se colpita.

E...
1,2,3,4

Strumenti a corda

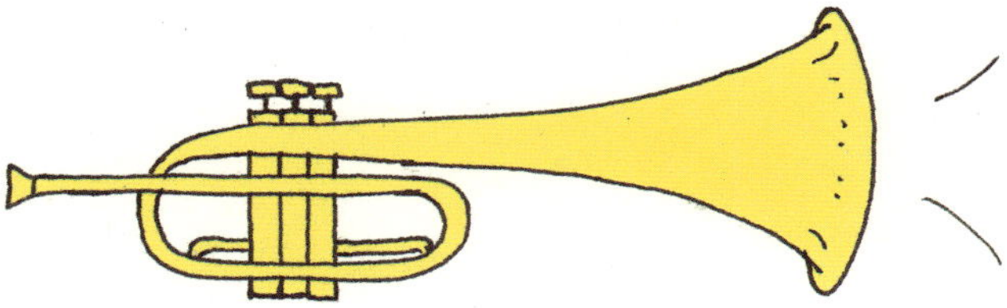

Ottoni

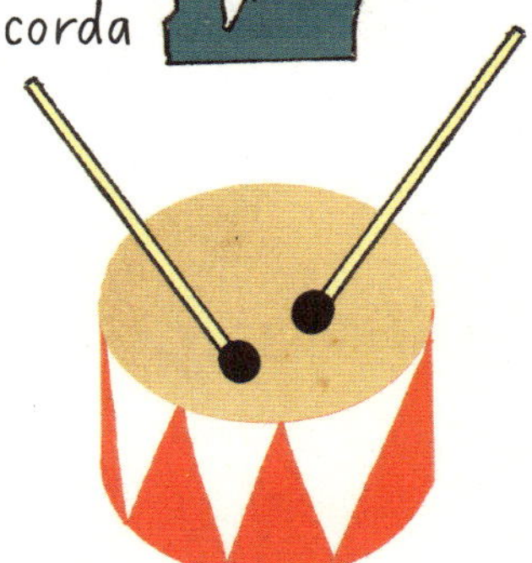

Percussioni

PRODUCI SUONI CON QUESTO LIBRO

FALLO!

Picchietta, colpisci e percuoti questa pagina con le dita o altri oggetti. Che suoni riesci a produrre?

Vai a pagina 89 se vuoi suonare ancora di più con questo libro!

Fai un assolo di batteria!

CRASH

COME FUNZIONA

I batteristi utilizzano diversi tipi di bacchette per produrre suoni differenti, da mallet coperti con tessuti morbidi a spazzole di fili metallici. Tutti questi oggetti creano varie vibrazioni influenzando il suono della batteria.

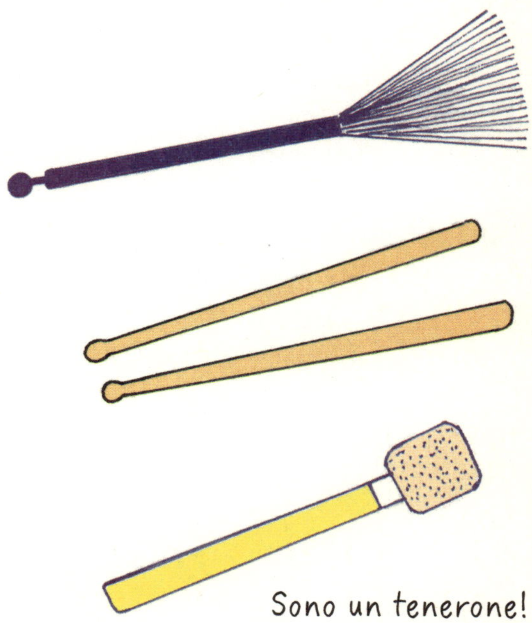

INVENTA UN NUOVO TIPO DI CENTRALE ELETTRICA

COME FUNZIONA

Le centrali elettriche generano elettricità facendo girare grandi magneti all'interno di bobine di cavo metallico. Ciò permette all'elettricità di scorrere lungo il cavo. La maggior parte degli impianti fa girare i magneti scaldando l'acqua che genera il vapore che aziona delle turbine (una sorta di grandi ventilatori).

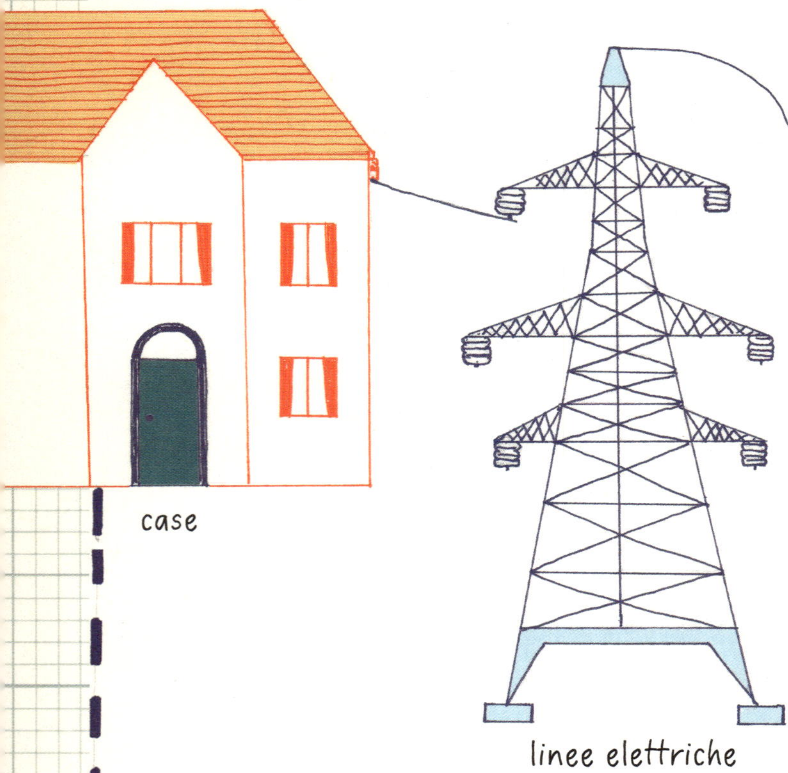

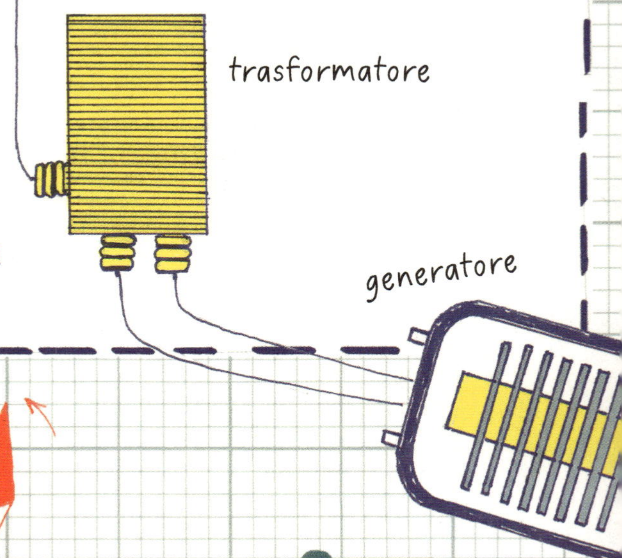

FALLO!

Pensa a oggetti che girano. Riuscirebbero ad azionare il tuo generatore?

Si può utilizzare l'energia dei criceti?

Cosa ne dici di una centrale elettrica a forma di giostra?

FALLO!

Pensa a un modo per far girare
il generatore e produrre energia.

Fallo girare!

PIEGA L'ACQUA CON L'ELETTRICITÀ STATICA

FALLO!

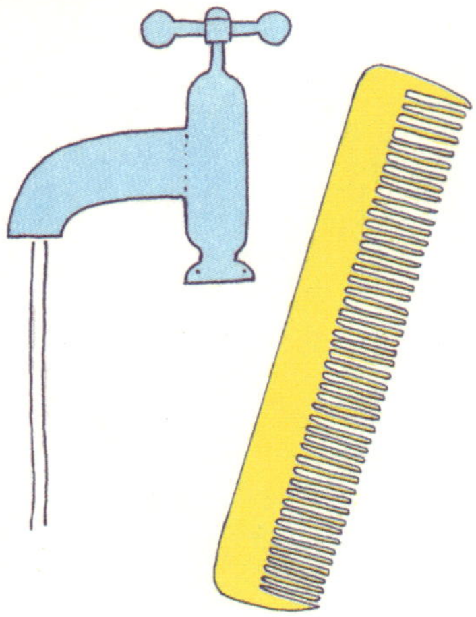

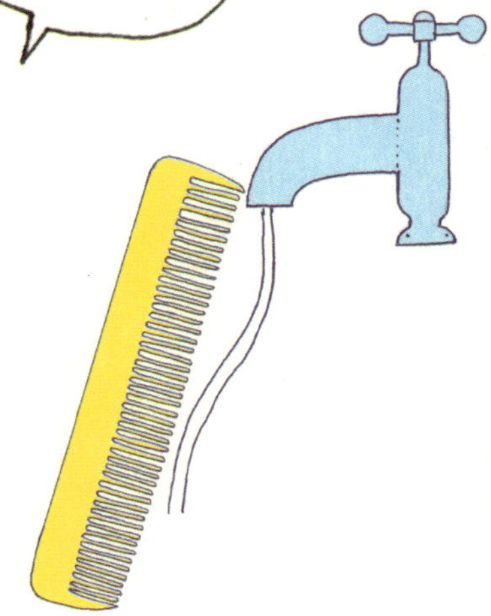

1

Prendi un pettine di plastica e vai al lavandino. Lentamente, apri il rubinetto così da ottenere un sottile filo d'acqua.

2

Passa il pettine fra i capelli per 10 volte e avvicinalo all'acqua: il flusso comincerà a piegarsi!

COME FUNZIONA

Quando ti pettini, le particelle con carica negativa chiamate elettroni, saltano dai tuoi capelli al pettine, caricandolo negativamente.
Se avvicinato al flusso del rubinetto, il pettine è attratto dalle particelle positive dell'acqua che così viene tirata verso il pettine come un magnete.

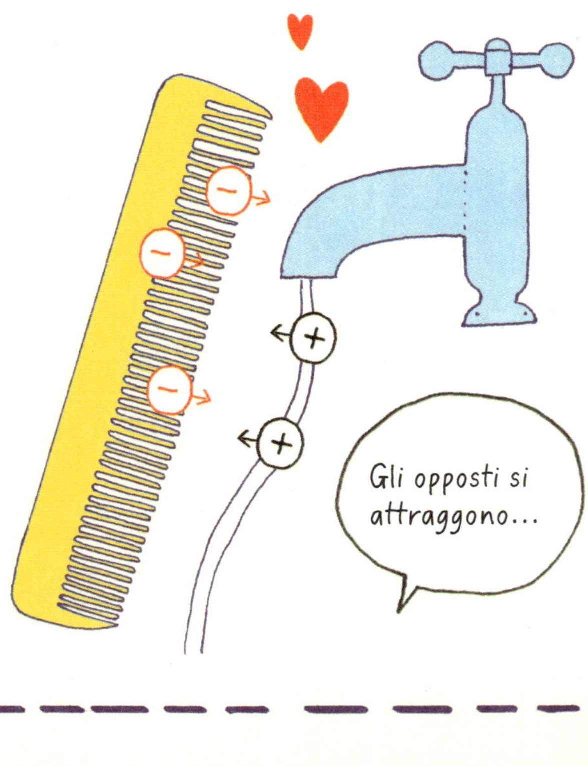

FALLO!

Immagina che il tuo pettine statico abbia dei super poteri e possa attrarre una grande massa d'acqua. Per cosa potresti utilizzarlo?

Vai a pagina 95 per ulteriori esperimenti di statica.

ELETTRICITÀ e MAGNETISMO / N. 3 di 4

ESPLORA LA LEGGE DI ATTRAZIONE CON I MAGNETI

FALLO!

1

Prendi un magnete (anche quelli da frigorifero vanno bene), una graffetta di metallo e un filo. Lega la graffetta a una estremità del filo e fissa quella opposta con un oggetto pesante.

2

Fai levitare la graffetta allontanando un magnete lungo il filo.

Fino a quale distanza riesci a portare il magnete prima che la graffetta cada?

Cos'altro riesci a far levitare con il tuo magnete?

Prova con questi! Segna la casellina se gli oggetti qui sotto sono magnetici.

Forchetta ☐

Elastico ☐

Chiave ☐

Moneta ☐

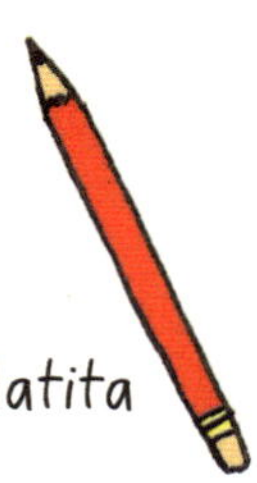

Matita ☐

Puntina ☐

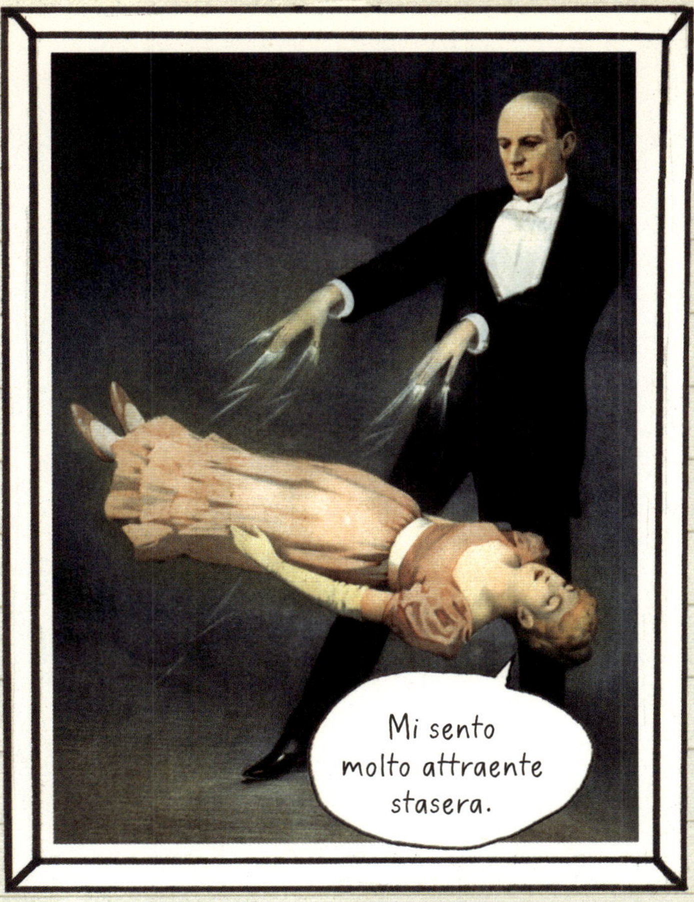

FALLO!

Fai galleggiare un cereale in fiocchi (tipo fiocco di mais) in una ciotola di acqua. Avvicina un magnete abbastanza potente e prova a fare in modo che il cereale segua la calamita mentre la muovi lentamente attorno alla ciotola.

COME FUNZIONA

I magneti generano un'area invisibile attorno a sé chiamata "campo magnetico" all'interno della quale attraggono quegli oggetti che si magnetizzano (come la graffetta). Alcuni cereali contengono ferro, che si magnetizza intensamente: maggiore è la quantità di ferro contenuta nei cereali, meglio funzionerà l'esperimento.

PETTINATI CON L'ELETTRICITÀ STATICA

FALLO!

1

Aggirati per casa e strofina oggetti di vario genere sui tuoi capelli. Quali sono i materiali che ti fanno rizzare i capelli grazie all'elettricità statica?

2

Disegna il viso, i capelli e tutto attorno gli oggetti che li fanno elettrizzare.

Puoi provare con:

Spazzola

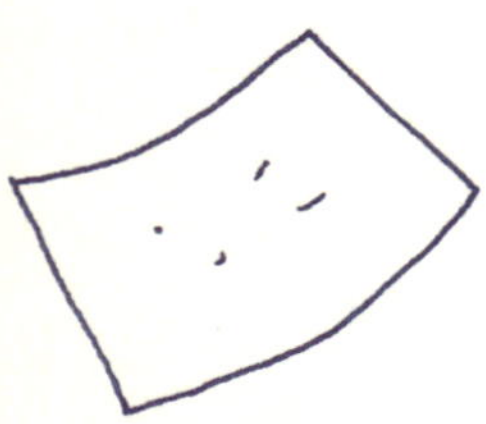

Foglio di carta

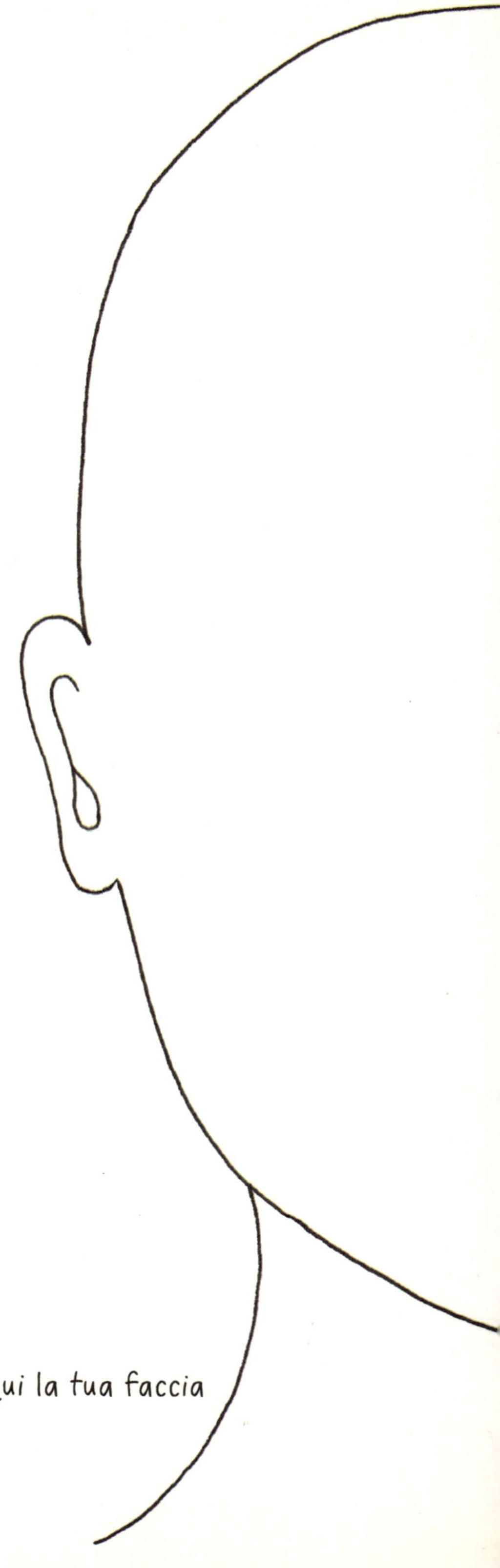

Disegna qui la tua faccia

AVVERTIMENTO GIGANTESCO:
L'elettricità uccide! Non toccare mai le prese della corrente.

Disegna qui i tuoi capelli

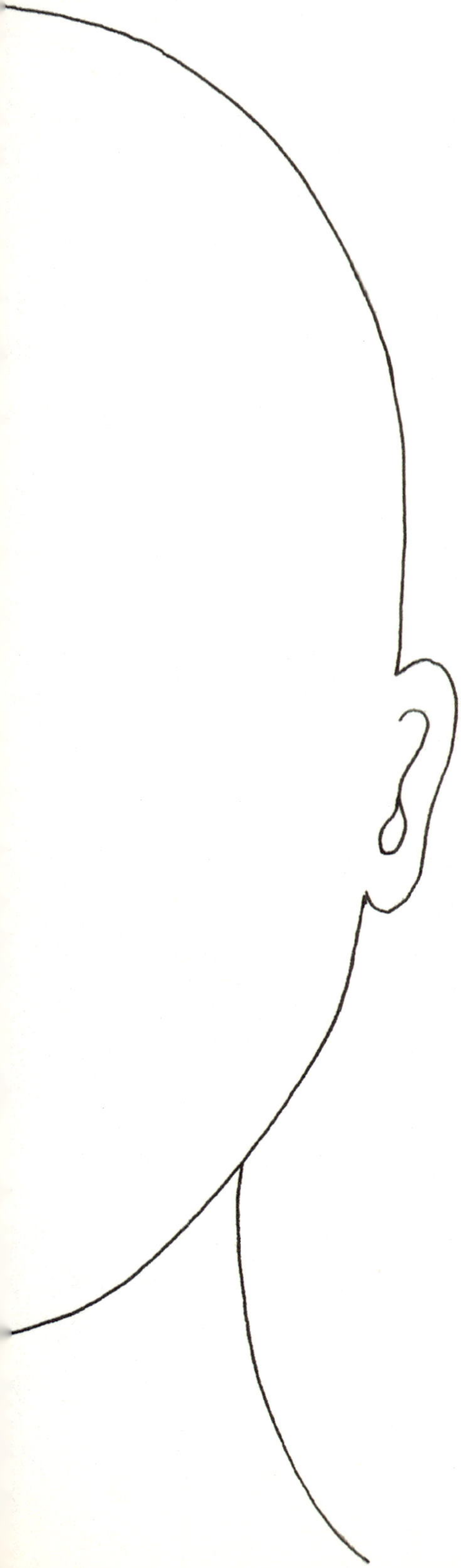

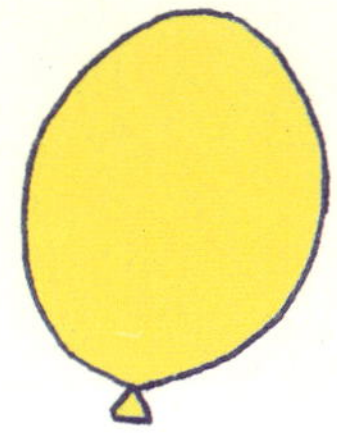

Palloncino

Guanto di lana

COME FUNZIONA

Alcuni materiali hanno una tendenza a perdere elettroni mentre altri tendono a guadagnarne. I capelli asciutti e la pelle rilasciano con facilità i propri elettroni.

QUESTO LIBRO PENSA DI ESSERE UN LABORATORIO

Questa sezione è dedicata ai tuoi esperimenti e si compone di pagine di laboratorio removibili.

Staccale, tagliale, rovesciaci sopra qualcosa e osserva la scienza in azione!

GARA DI AEROPLANINI DI CARTA

FALLO!

Utilizza le prossime due pagine per realizzare questi due modelli di aeroplanini di carta e testare le loro prestazioni di volo.

Il Gufo

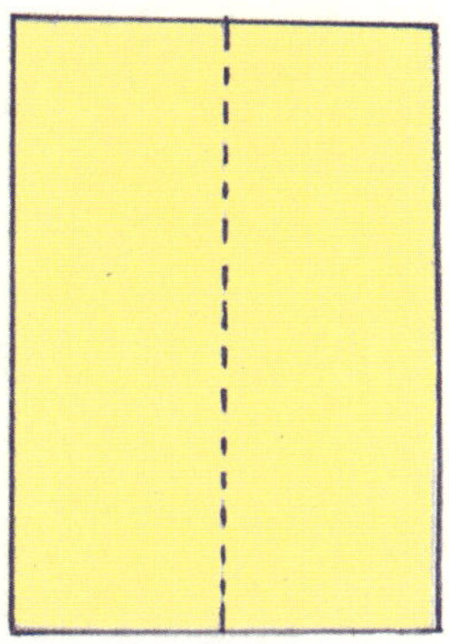

1 Piega il foglio a metà nel senso della lunghezza

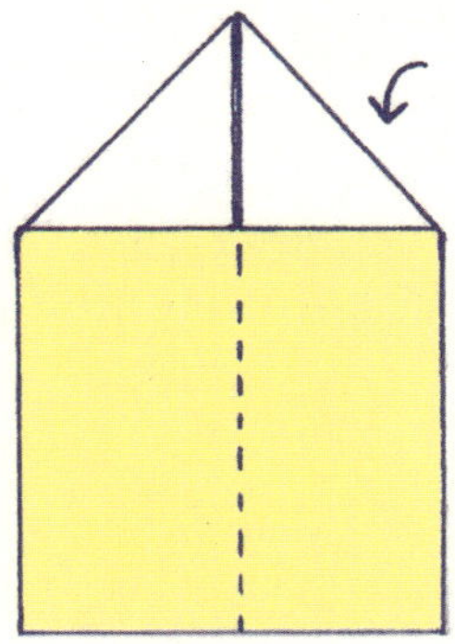

2 Porta gli angoli verso il centro

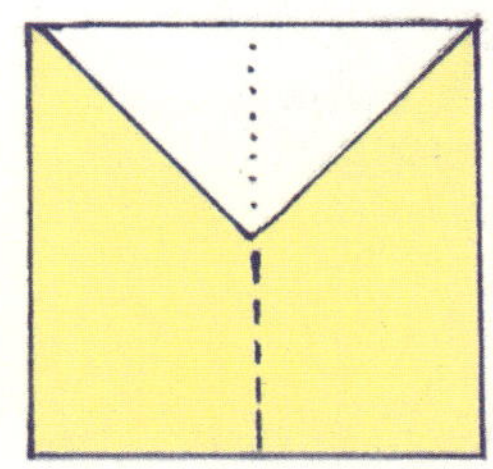

3 Piega il triangolo ottenuto verso il basso

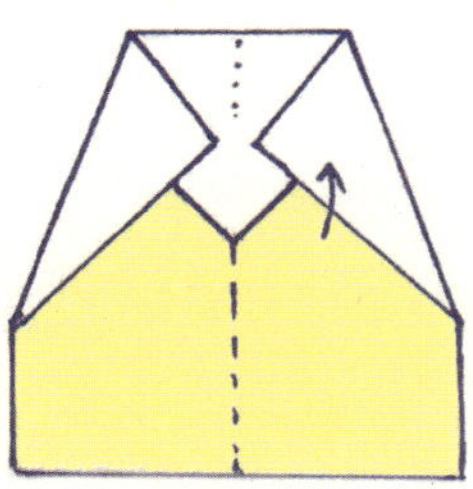

4 Piega gli angoli superiori in modo che le punte siano a circa 6 cm dal margine superiore

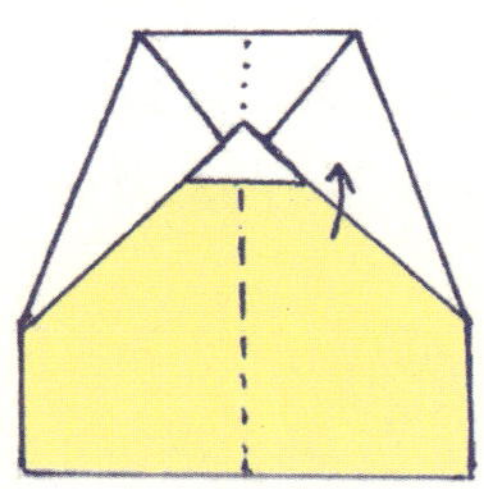

5 Piega la punta che si trova sotto i due angoli verso l'alto, così da fissarli

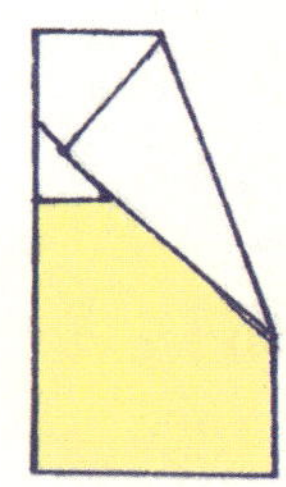

6 Piega l'aereo a metà

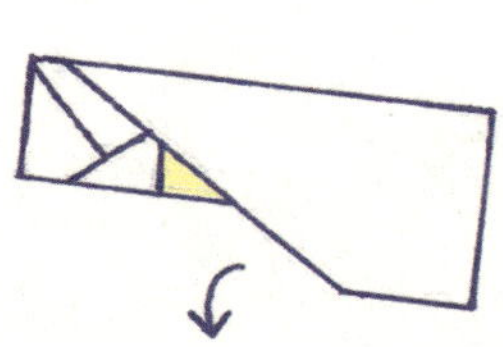

7 Piega i bordi verso il basso per formare le ali

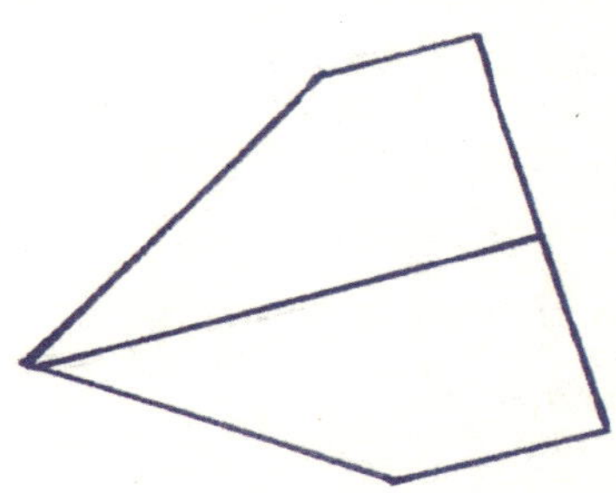

8 Questa è la forma dell'aereo dall'alto

Il Falco

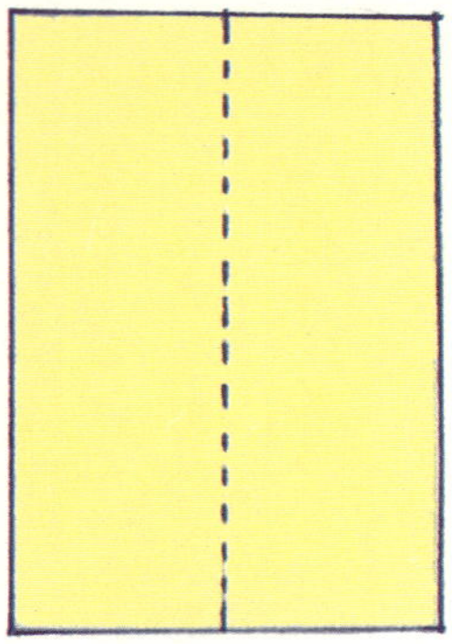

1 Piega il foglio a metà nel senso della lunghezza.

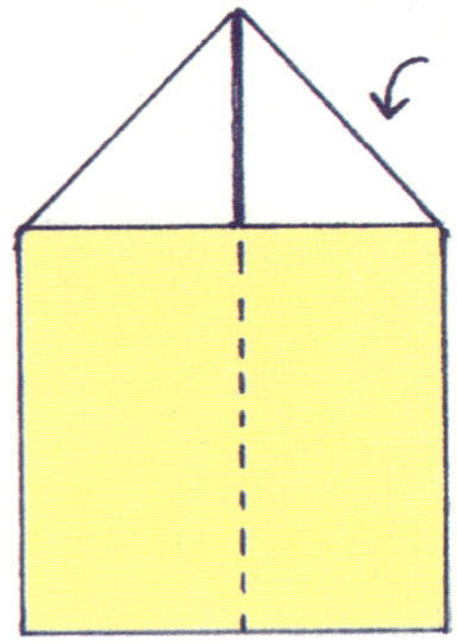

2 Piega le punte superiori verso il centro

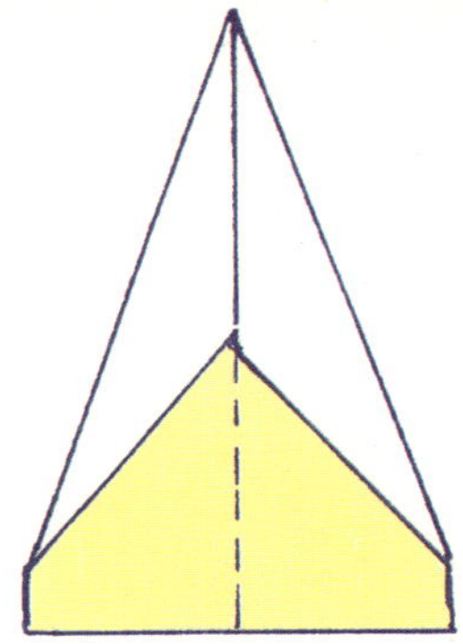

3 Piega i bordi verso il centro

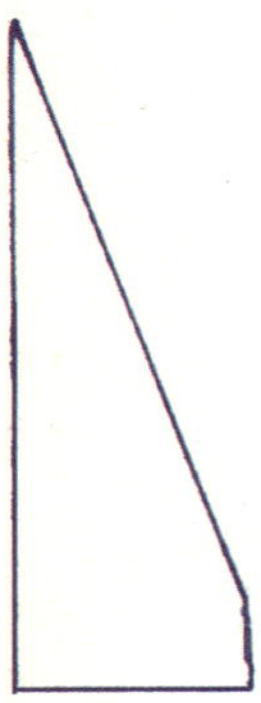

4 Piega l'aereo a metà

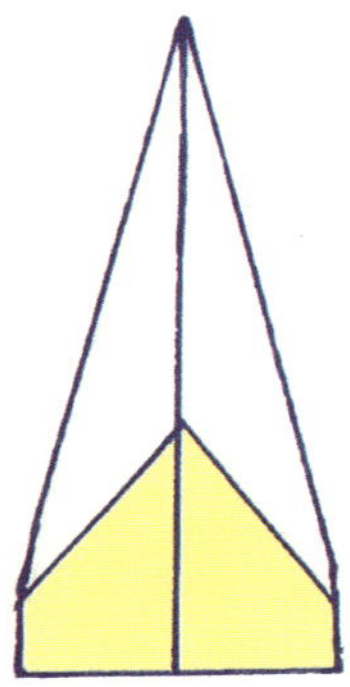

5 Piega le ali verso il basso lasciando sotto una piccola protuberanza per sorreggerlo

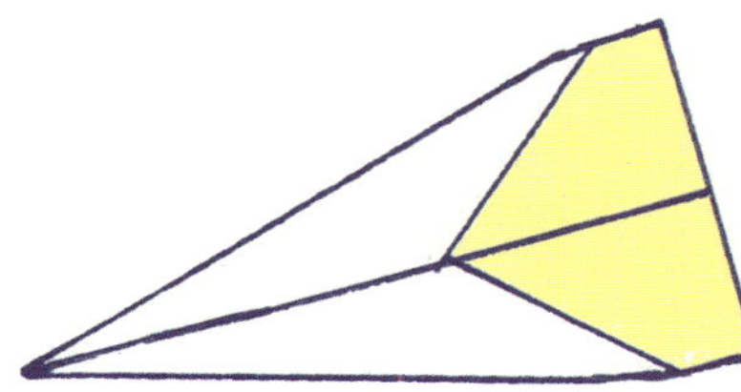

6 L'aereo finito

Fai alcune prove di volo con entrambi gli aerei.
Documenta la lunghezza del loro volo e la distanza raggiunta.
Quale dei due arriva più lontano?

COME FUNZIONA

Forze di tipo diverso influiscono sul volo dei tuoi aeroplanini di carta mentre sono in aria. La spinta fa avanzare l'aereo. La portanza è la forza che lo sostiene.

TASSELLATURA TEST e SFIDA DI TANGRAM

FALLO!

Ritaglia le figure e verifica se sono tasselli a pagina 23.

FALLO!

Ritaglia le forme di questo tangram e prova ricreare le figure che vedi alla pagina successiva.

SFIDA DI TANGRAM

FALLO!

Sistema le forme del tangram in modo da formare le seguenti figure.

Barca

Persona

Aereo

Cigno

Gatto

Casa

Cane

Cavallo

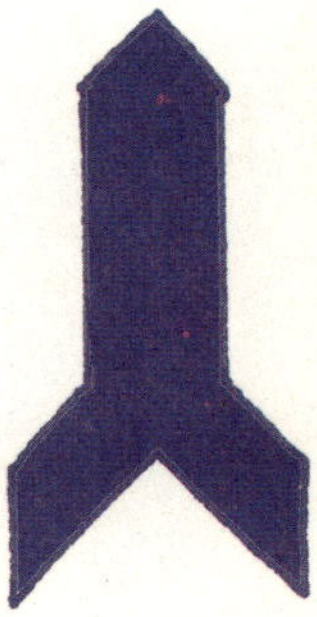
Razzo

Pesce

Coniglio

COME FUNZIONA

Il tangram è un antico gioco di origine cinese e non è così semplice come sembra!

PLANETARIO MECCANICO

Realizza un modellino della Terra, del Sole e della Luna.
Avrai bisogno di un paio di fermagli per costruirli.

FALLO!

1 Ritaglia le parti del planetario che vedi alla pagina seguente. Fai un buco dove indicato, aiutandoti con una matita appuntita e una gomma come sostegno per il foglio.

2 Utilizza un fermaglio per unire il pezzo 1 (la Terra) sopra al pezzo 2 (la Luna) e fissa entrambi al pezzo 3.

3 Utilizza un altro fermaglio per unire il pezzo 3 al pezzo 4 (il Sole).

Ecco come assemblare il tuo planetario:

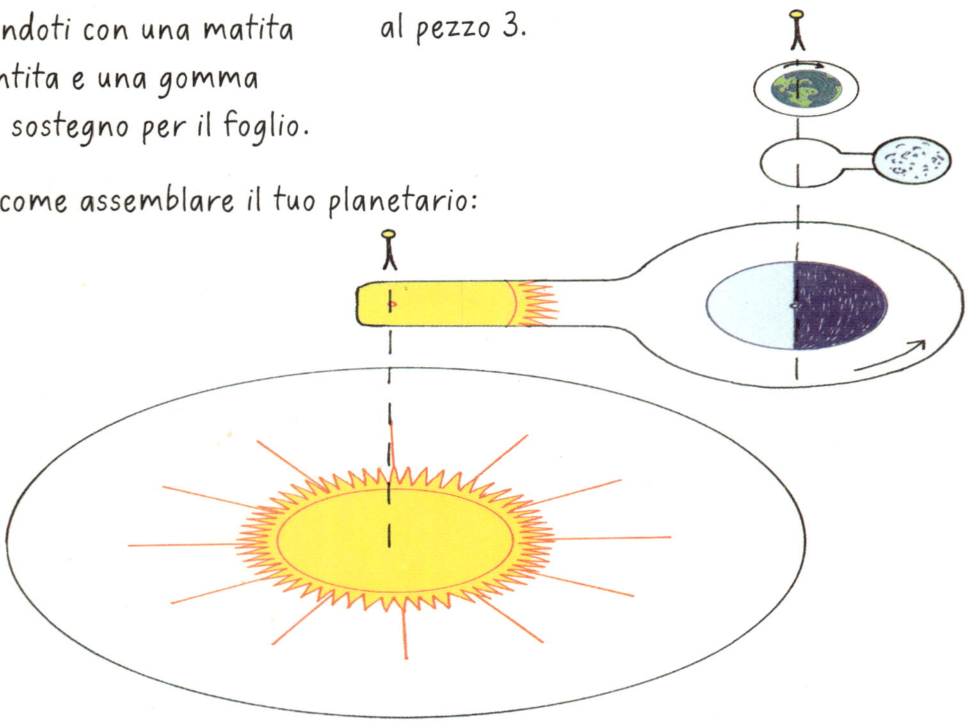

COME FUNZIONA

Un planetario meccanico è un modello del sistema solare che mostra il movimento dei pianeti attorno al Sole. Il tuo planetario semplificato mostra il moto della Luna e della Terra attorno al Sole.

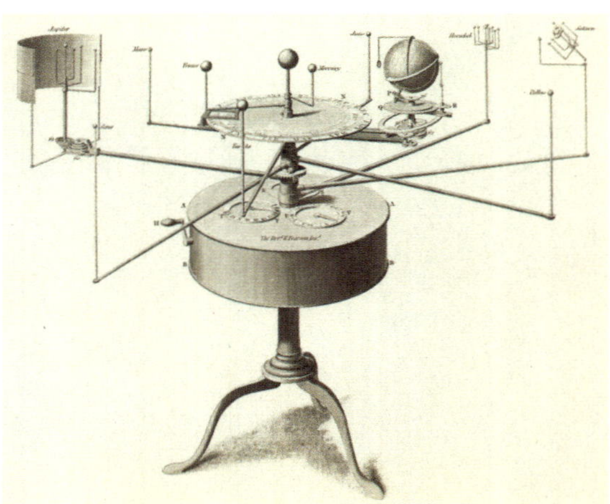

PARTI DEL PLANETARIO

Pezzo 1

Pezzo 3

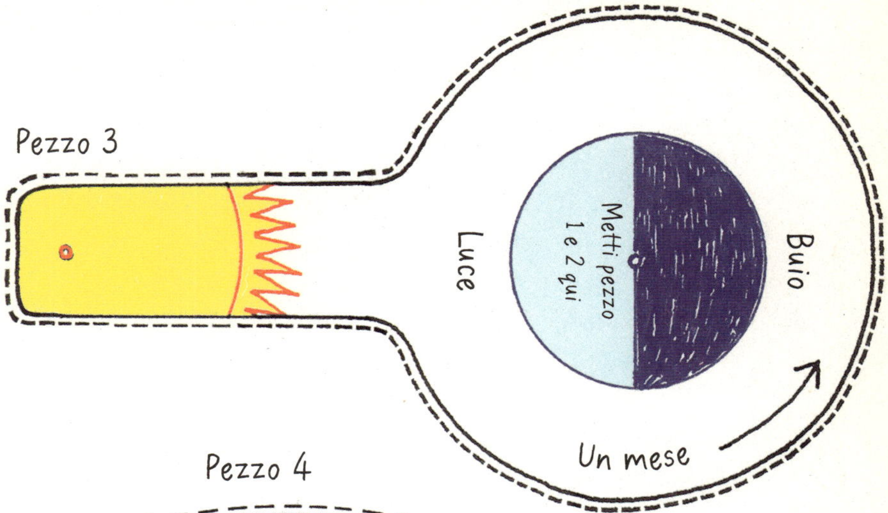

Pezzo 2

Pezzo 4

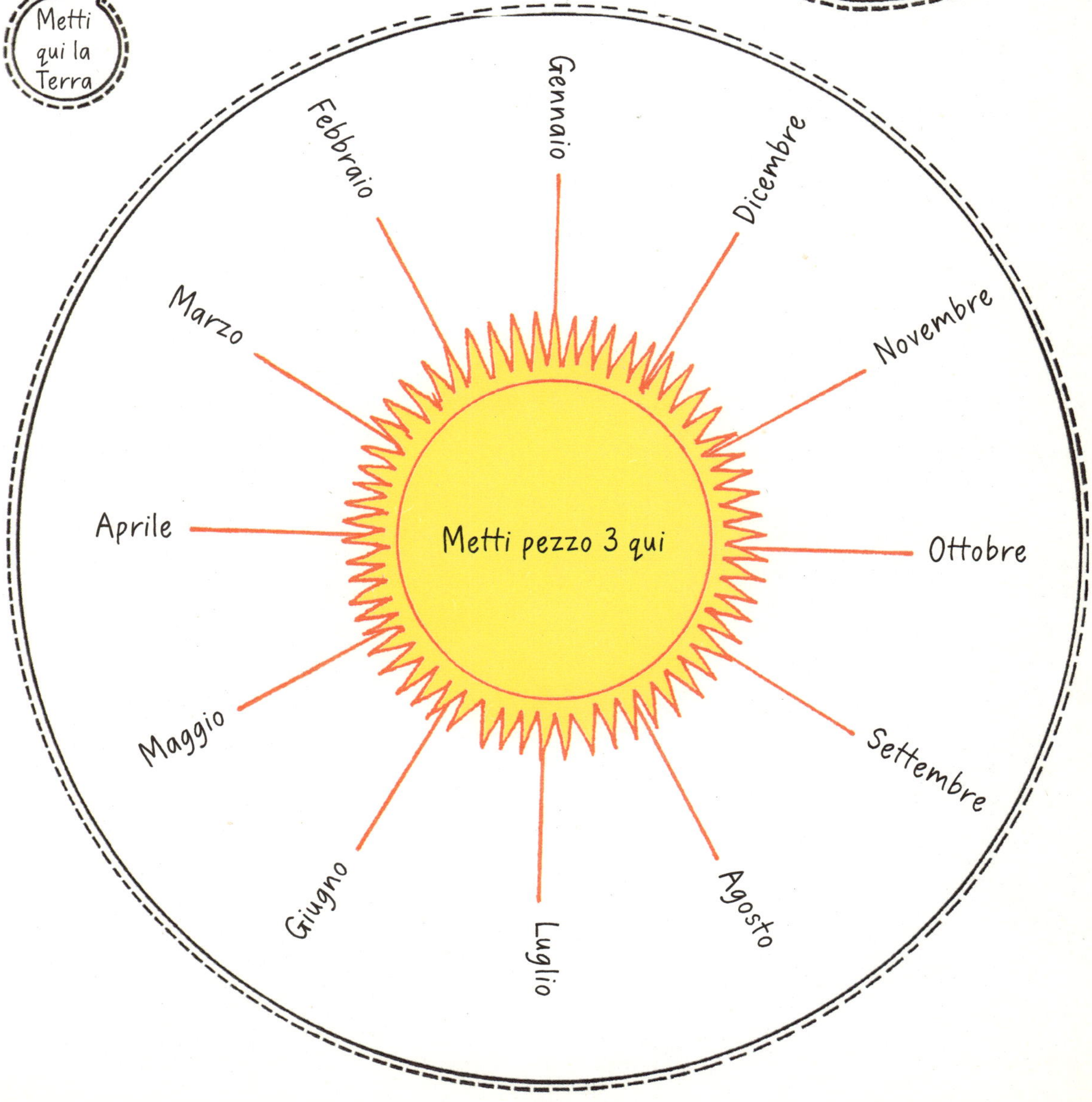

TEATRO D'OMBRE

Laboratorio di luce

Ritaglia alcune figure di animali per allestire
un teatrino d'ombre e osserva il comportamento della luce. Avrai bisogno
di un paio di matite, nastro adesivo e di una torcia o di una lampada da tavolo.

FALLO!

1

Ritaglia le figure qui sotto e crea un supporto fissando una matita sul retro.

2

Tieni le figure davanti alla torcia in una stanza buia e proietta la loro ombra sul muro.
Avvicina e allontana le marionette dalla fonte di luce e prova a inclinarle. Cosa noti?
Cosa succede se aggiungi un'altra fonte di luce?

COME FUNZIONA

La luce si propaga in linea retta e le superfici opache non le permettono di passare. Ma perché le ombre hanno contorni sfumati? Succede perché le fonti luminose come la tua torcia, emanano raggi da ogni punto della loro superficie, quindi quando alcuni raggi vengono bloccati e altri no si formano le sfumature.

GARA DI SGOCCIOLAMENTO

FALLO!

Stacca questa pagina e appoggiala su una superficie piana. Versa i liquidi che vedi rappresentati e inclina la pagina in modo da farli colare. Prima di cominciare, prova a intuire chi vincerà!

LABIRINTO DI GOCCE

FALLO!

Individua quello che pensi sia il liquido più facile da manovrare e guidane una goccia attorno al labirinto.

TEST DI SGOCCIOLAMENTO: I RISULTATI

Quale è stata la goccia più veloce?
Scrivi qui i risultati:

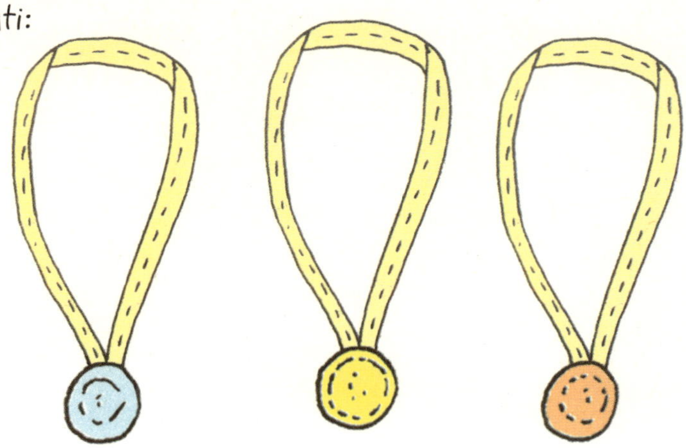

COME FUNZIONA

Il miele è più denso, o viscoso, dell'acqua. La viscosità è la resistenza di un fluido allo scorrimento e dipende in parte da quanto facilmente le molecole del liquido scivolano l'una sull'altra.

Le molecole che possiedono solo qualche atomo scivolano più facilmente rispetto a quelle con molti atomi.

MOTOSCAFO A DETERSIVO

Fai muovere una barchetta di carta con la magia della tensione superficiale! Attrezzati con una grande vasca da bagno e un po' di detersivo per piatti.

FALLO!

1 Ritaglia la barca che vedi nella pagina accanto e falla galleggiare in una vasca da bagno piena d'acqua.

2 Delicatamente, versa un po' di detersivo appena dietro al motore che spunta dal retro della barca.

A questo punto, la barca dovrebbe sfrecciare sulla superficie dell'acqua.

COME FUNZIONA

Le molecole dell'acqua si attraggono a vicenda e questo genera una sorta di "pelle" chiamata "tensione superficiale". Il sapone rompe la tensione creando una forza sufficiente a spingere in avanti la barca.

Ritaglia e muovi delicatamente avanti
e indietro la piega nel centro.

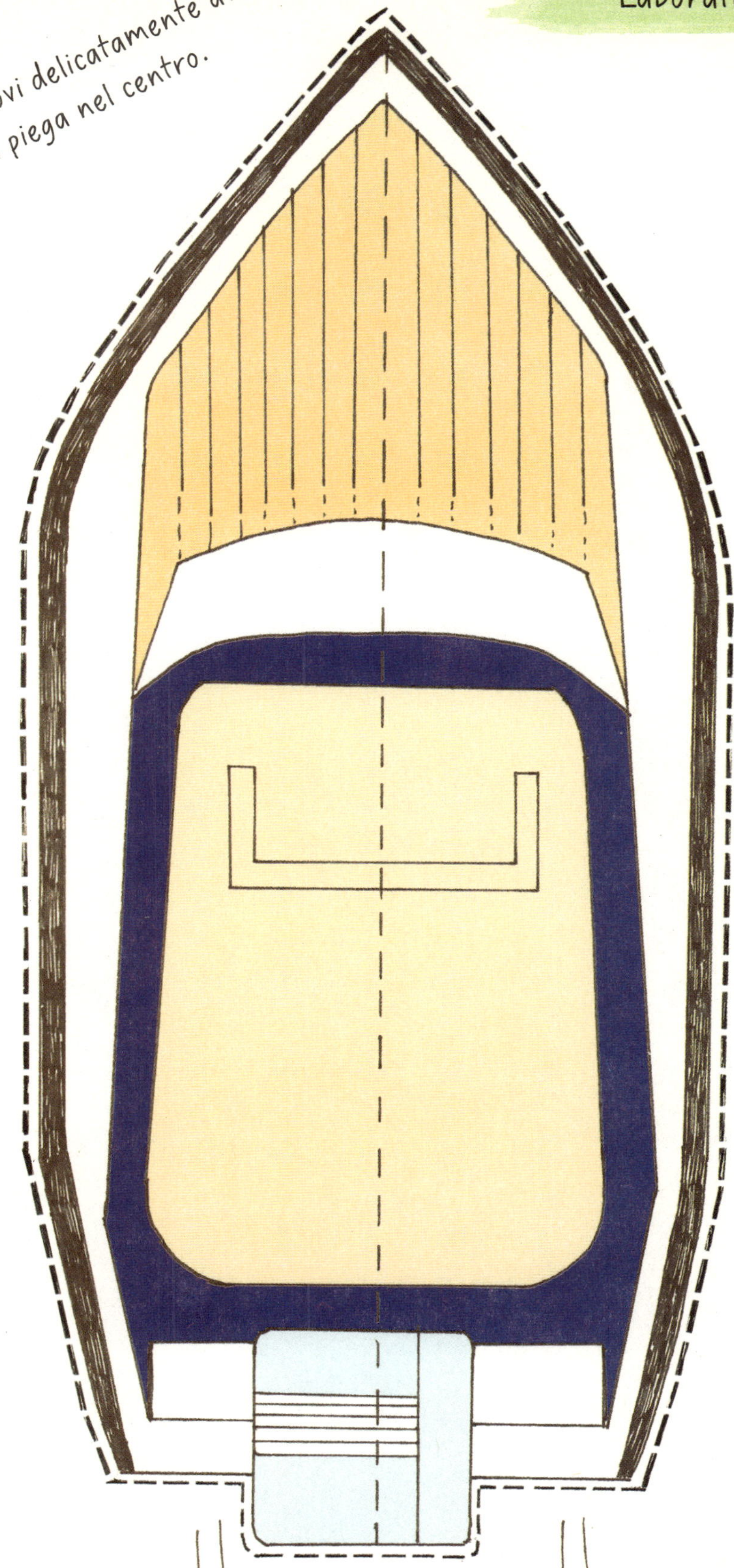

TEST SONORO PARTE 2

FALLO!

Utilizza questa pagina per produrre più rumori che puoi. Strappala, accartocciala, strattonala, scatenati...

strappa qui

accartoccia qui

increspa!

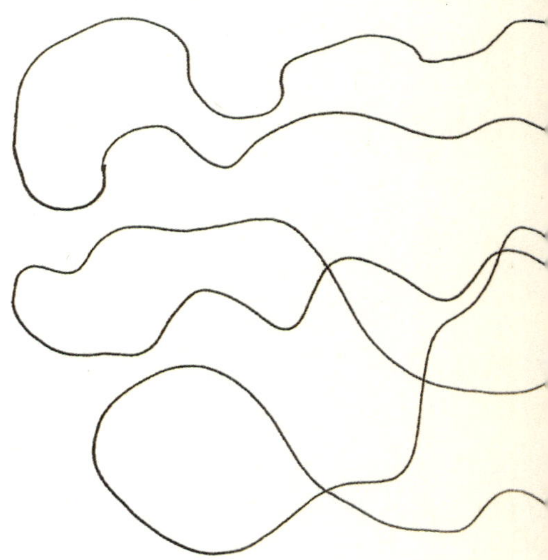

sgualcisci!

tira qui

1-2, 1-2, prova, prova...

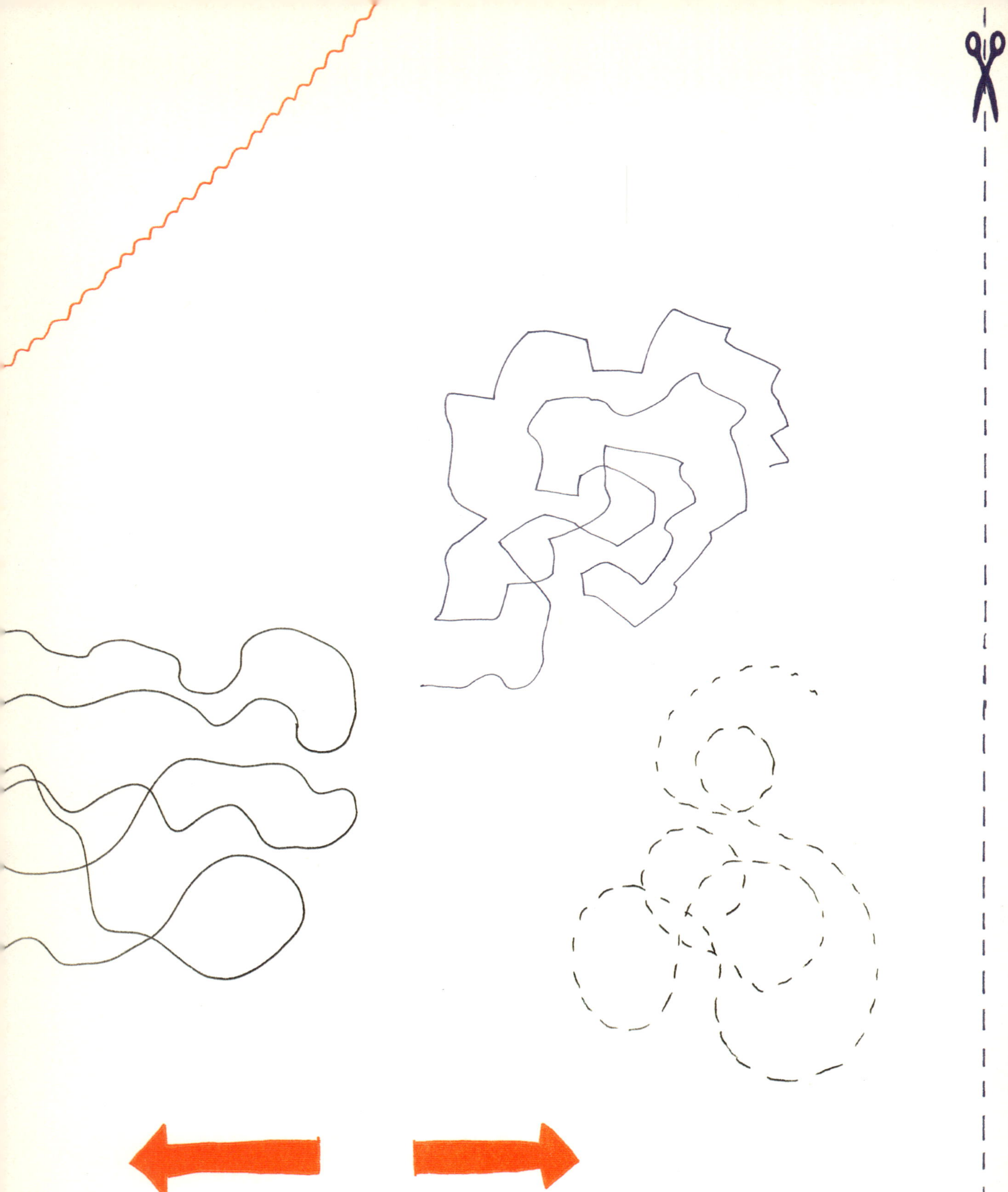

MACCHINA DEL SUONO

FALLO!

Renditi (in)sopportabile con questi richiami sonori e petardi di carta.

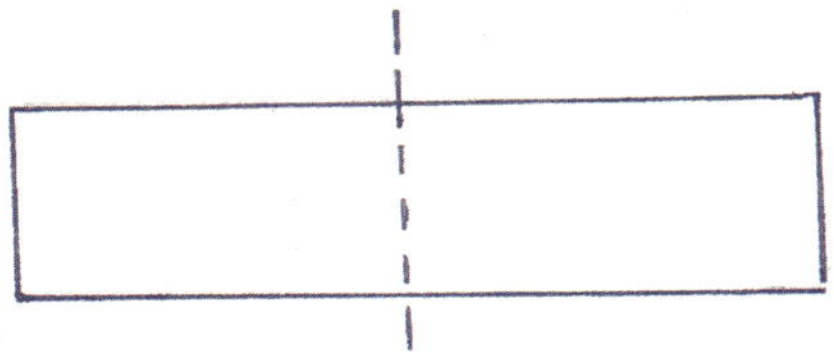

1 Recupera una striscia di carta di circa 8 x 20 cm e piegala a metà come nella figura

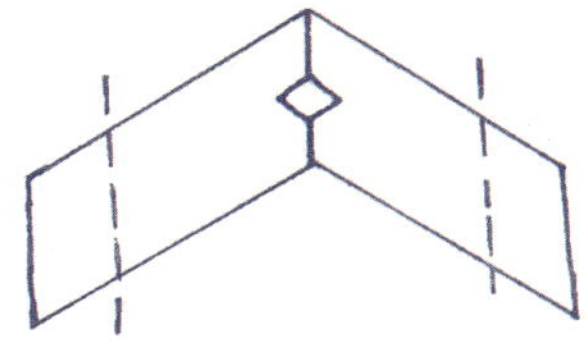

2 Ritaglia un piccolo triangolo a metà della piega

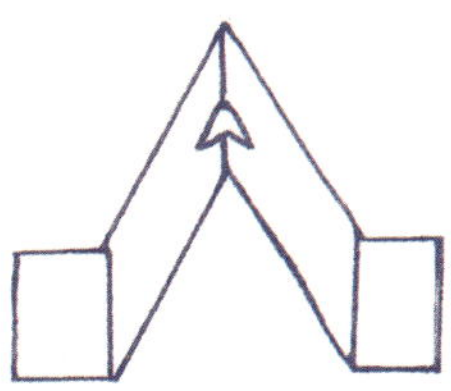

3 Piega le due estremità all'infuori per creare un supporto per le dita

4 Prendi il richiamo fra le dita, appoggialo alla bocca tenendola chiusa, soffia e cerca di produrre il rumore più fastidioso possibile. Fare smorfie è facoltativo.

COME FUNZIONA

Mentre l'aria attraversa il richiamo sonoro, la pressione al suo interno precipita. Una maggiore pressione esterna spinge i lati verso l'interno, fermando l'aria. Così facendo, i lati sono nuovamente spinti verso l'esterno. Tutto questo succedere ripetutamente e molto velocemente e la vibrazione produce quella specie di squittio che senti.

FALLO!

Utilizza la pagina seguente per realizzare un petardo di carta origami

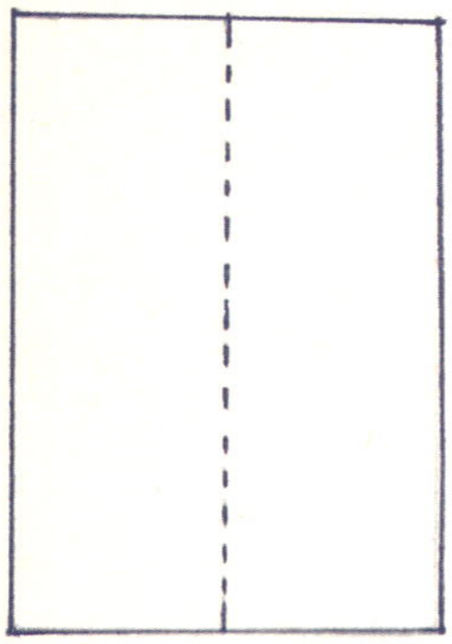

1 Piega il foglio a metà

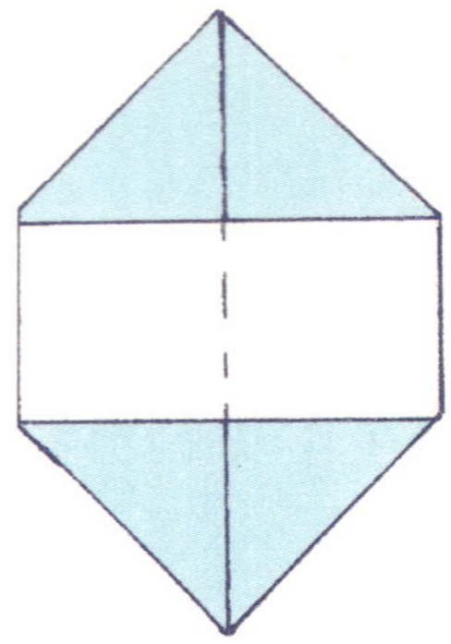

2 Piega tutti e quattro gli angoli verso il centro

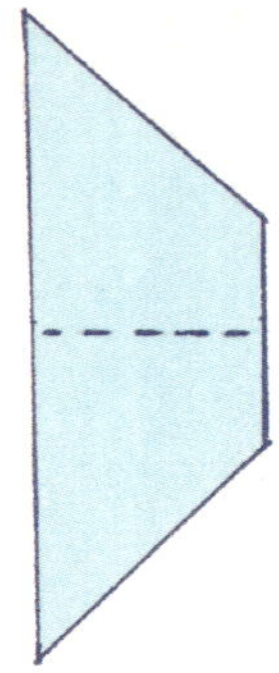

3 Piega a metà lungo la linea centrale

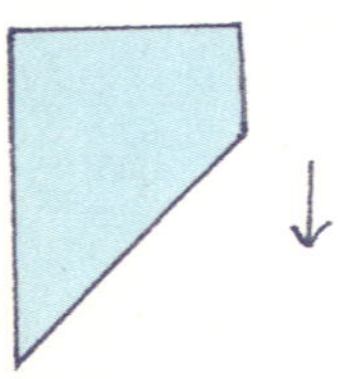

4 Fai combaciare l'angolo superiore con quello inferiore

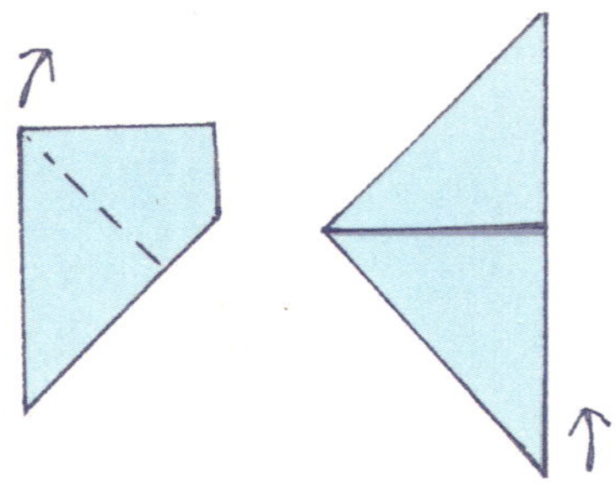

5 Ripiegalo verso l'alto così da formare un triangolo

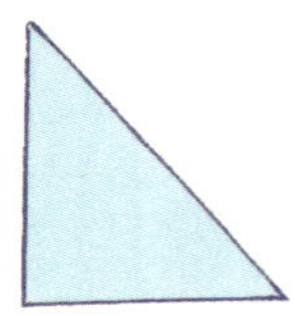

6 Ripiega le due punte indietro

Di fronte

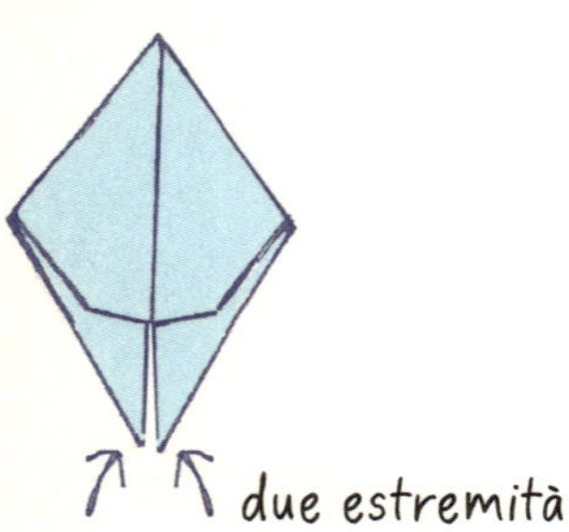

7 Questo dovrebbe essere il suo aspetto frontale

Di lato

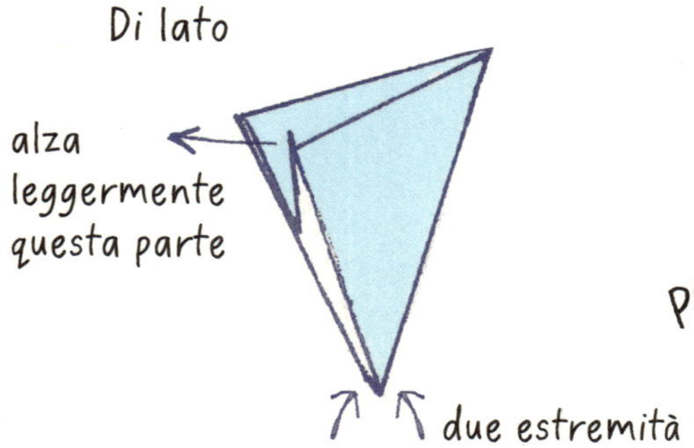

8 Tienilo per le due estremità e alza leggermente la parte all'interno per facilitare lo "scoppio"

9 Alza il braccio sopra la tua testa e fallo scendere velocemente così che il petardo si apra e faccia rumore

TRUCCO DELLA CARTA APPICCICOSA

FALLO!

1 Taglia questa pagina in tanti piccolissimi pezzettini. Falli più piccoli che puoi. Sì, proprio questa pagina! Appoggia i pezzetti su una superficie piatta.

2 Prendi un pettine in plastica o un palloncino e strofinalo su un gomitolo di lana oppure sui tuoi capelli per caricarlo di elettricità. Avvicinalo ai pezzetti carta e osservali mentre cominciano a danzare!

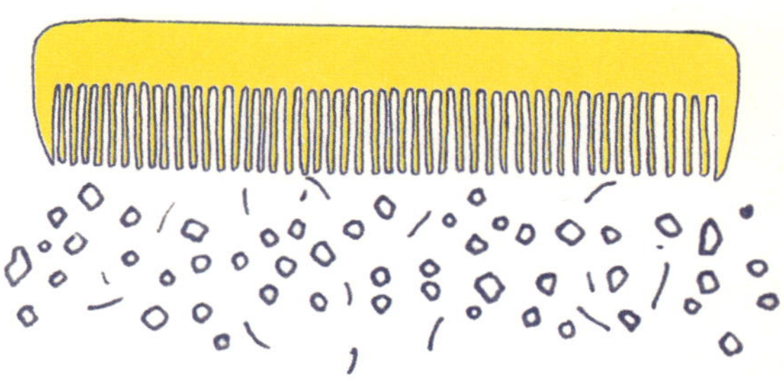

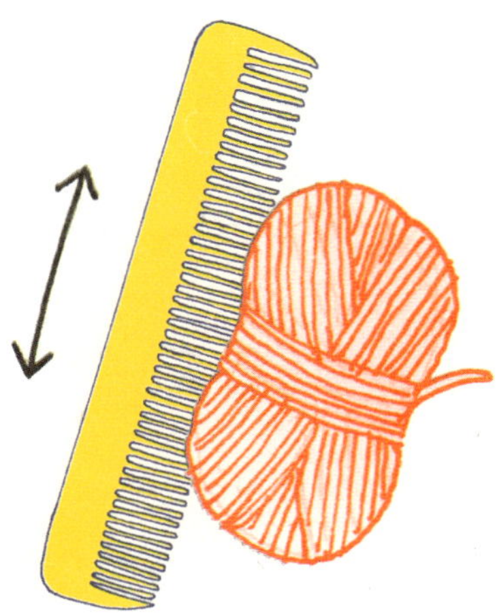

Arrivederci!